LE GUIDE COMPLET DE LA DÉSHYDRATATION

100 RECETTES POUR DÉSHYDRATER DES LÉGUMES, DE LA VIANDE, DES FRUITS ET PLUS ENCORE

Océane Bourhis

Tous les droits sont réservés.

Clause de non-responsabilité

Les informations contenues dans cet eBook sont destinées à servir de collection complète de stratégies sur lesquelles l'auteur de cet eBook a effectué des recherches. Les résumés, stratégies, trucs et astuces ne sont recommandés que par l'auteur, et la lecture de cet eBook ne garantit pas que ses résultats refléteront exactement les résultats de l'auteur. L'auteur de l'eBook a fait tous les efforts raisonnables pour fournir des informations actuelles et précises aux lecteurs de l'eBook. L'auteur et ses associés ne sauraient être tenus responsables des erreurs ou omissions involontaires qui pourraient être constatées. Le contenu de l'eBook peut inclure des informations provenant de tiers. Les documents de tiers comprennent les opinions exprimées par leurs propriétaires. En tant que tel, l'auteur de l'eBook n'assume aucune responsabilité pour tout matériel ou opinion de tiers.

L'eBook est protégé par copyright © 2022 avec tous droits réservés. Il est illégal de redistribuer, copier ou créer des travaux dérivés de cet eBook en tout ou en partie. Aucune partie de ce rapport ne peut être reproduite ou retransmise sous quelque forme que ce soit sans l'autorisation écrite expresse et signée de l'auteur.

TABLE DES MATIÈRES

TABLE DES MATIÈRES..3

INTRODUCTION..8

SIROPS & GELÉES...10

   1. Sirop Myrtille Basilic..11
   2. Pectine avec Moelle d'Agrumes...14
   3. Gelée de Pamplemousse Rose...17

SAUCES & VINAIGRETTES..19

   4. Miel infusé au gingembre et au citron....................................20
   5. Sauce barbecue au miel et aux pêches..................................23
   6. Beurre de poire épicé à la mijoteuse.....................................26
   7. Beurre de cacahuètes grillées maison...................................29
   8. Vinaigrette crémeuse au concombre......................................31

LÉGUMES EN POUDRE..33

   9. Poudre De Tomate...34
   10. Poudre De Patate Douce..36
   11. Sel de céleri..39
   12. Mélange de poudre verte...41

FRUITS DÉSHYDRATÉS..43

   13. Noix de coco râpée...44
   14. Farine de Noix de Coco..46
   15. Rouleaux aux fraises et aux bananes..................................48
   16. Cuir Pomme Cannelle...51
   17. Cuir de tarte à la citrouille...54
   18. Cuir de tomates mélangées à pizza....................................57

19. Cuir Végétal Mixte..59
20. Wraps à la tomate..62

MÉLANGES D'ASSAISONNEMENTS..64

21. Mélange d'assaisonnement cajun....................................65
22. Mélange d'assaisonnement pour bifteck.........................67
23. Mélange d'assaisonnement pour pizza...........................69
24. Mélange d'épices créoles..71
25. Assaisonnement aux herbes...73
26. Mélange d'herbes éthiopiennes (berbere).....................75
27. Mélange de vinaigrette aux fines herbes.......................78
28. Vinaigre aux fines herbes...81
29. Pesto aux herbes mélangées...83
30. Marinade à la moutarde...85
31. Sauce dessert aux herbes..87
32. Vinaigrette aux herbes et agrumes................................89
33. Vinaigrette aux fines herbes..91
34. Mélange d'herbes de provence.....................................93
35. Marinade aux herbes et à l'huile...................................95
36. Vinaigres aux herbes faciles..97
37. Pesto oseille-ciboulette..99
38. Vinaigrette aux herbes et au concombre....................102
39. Noix de pécan aux herbes...104
40. Vinaigrette piquante aux herbes.................................106
41. Gommage ail-citron-herbes..108
42. Trempette aux herbes Dolce Latté..............................110
43. Mélange d'herbes françaises......................................113
44. Beurre aux herbes et épices.......................................115
45. Vinaigrette végétale aux herbes.................................117
46. Trempette au bacon, tomates et fines herbes............119
47. Tartinade d'herbes à l'ail...121
48. Chèvre aux fines herbes..123

BŒUF 125
49. MON BOEUF SÉCHÉ CLASSIQUE 126
50. STEAK DE BOEUF SÉCHÉ 129

LE POTAGE 132
51. SOUPE DE CHOU-FLEUR 133
52. SOUPE D'ASPÈRGES 136
53. SOUPE AUX LÉGUMES THERMOS 139

CROUSTILLES DÉSHYDRATÉES 142
54. CHIPS DE POMMES DE TERRE DOUCES 143
55. KALE CHIPS 145
56. DES CHIPS À LA COURGETTE 147
57. CORNICHONS DÉSHYDRATÉS POUR RÉFRIGÉRATEUR 150
58. CROUSTILLES DE PROSCIUTTO 153
59. CHIPS DE BETTERAVE 155
60. CHIPS D'ORGE 158
61. CROUSTILLES MEXI-MELT AU CHEDDAR 161
62. CROUSTILLES DE PEPPERONI 163
63. CHIPS D'ANGE 165
64. CHIPS DE PEAU DE POULET SATAY 167
65. PEAU DE POULET À L'AVOCAT 170
66. CHIPS DE LÉGUMES AU PARMESAN 173
67. CHIPS DE NOIX DE COCO TARTE À LA CITROUILLE 175
68. CROUSTILLES DE PEAU DE POULET ALFREDO 177

DES LÉGUMES 179
69. PANCAKES À LA PATATE DOUCE ET À LA FARINE DE NOIX DE COCO 180
70. ROULEAUX DE CHOU FARCIS À LA MIJOTEUSE 183
71. COURGES D'HIVER SAUTÉES AUX POMMES 186
72. NIDS DÉSHYDRATÉS DE COURGE D'HIVER 189
73. NIDS DE COURGES ÉPICÉES À LA CRÉOLE ET À L'AIL 191

74. Fajita Haricots et Riz..194
75. Croûte de pizza au chou-fleur au riz.................................197
76. Mélange de pommes de terre rissolées dans un bocal.................200
77. Riz brun rapide..203
78. Haricots à cuisson rapide...205
79. Haricots cuits au four de Mme B's....................................207
80. Cuisson fiesta mexicaine..209

BOISSON..212

81. Thé à la menthe et à la rose musquée................................213
82. Mélange de thé à l'orange et à la menthe............................215
83. Thé Soleil Verveine Citronnelle......................................217
84. Limonade aux Agrumes Déshydratés....................................219

LE DESSERT..221

85. Croustade aux pommes avec garniture à l'avoine.....................222
86. Gâteau à l'ananas faible en gras....................................225
87. Gingembre Confit..228
88. Biscuits à l'avoine et aux figues...................................231

MARINADES...234

89. Vinaigrette ranch à l'ail..235
90. Vinaigrette à l'oignon rouge et à la coriandre.....................237
91. Vinaigrette à la crème Dilly Ranch..................................239
92. Vinaigrette cha cha chaude...241
93. Vinaigrette à la cajun...243
94. Vinaigrette à la moutarde..245
95. Vinaigrette gingembre et poivre.....................................247
96. Vinaigrette aux agrumes..249
97. Poivre blanc et clou de girofle.....................................251
98. Frottement sec au piment...253
99. Mélange d'épices Bourbon...255
100. Vinaigres aux herbes faciles..257

CONCLUSION..259

INTRODUCTION

Au Moyen Âge, les Européens ont construit des salles dans le prolongement des distilleries spécialement conçues pour déshydrater les aliments par la chaleur d'un feu intérieur. La nourriture était enfilée à travers la pièce, fumée et séchée. Le manque de soleil et les journées sèches rendaient impossible le séchage des aliments à l'extérieur, et ces maisons spécialisées ont résolu le problème pour les personnes vivant dans un climat frais et humide.

Au milieu des années 1800, un processus a été développé pour que les légumes puissent être séchés à 105 ° F et compressés en gâteaux. Ces légumes séchés étaient une source de nutrition bienvenue pour les marins qui ont souffert de longs voyages sans nourriture fraîche. Pendant la Seconde Guerre mondiale, les soldats utilisaient des aliments déshydratés comme rations légères lorsqu'ils servaient sur le champ de bataille. Nous les connaissons aujourd'hui sous le nom de "repas prêts à manger" (MRE). Après la guerre, les femmes au foyer ne se sont pas précipitées pour ajouter cet aliment compact, mais souvent insipide, à leur routine de cuisine quotidienne, et les aliments déshydratés sont tombés en disgrâce.

En tant que préparateur qui est également jardinier, je souhaite emmener mes préparations de garde-manger au-delà des haricots, du riz, du blé et des œufs en poudre. La déshydratation de mon jardin comble le vide laissé par les aliments qui ne peuvent pas être mis en conserve et un congélateur sensible aux pannes de courant. Une source d'eau potable et le feu sont les seules choses qui se dressent entre ma famille et un repas chaud préparé avec des ingrédients déshydratés.

Ce livre n'est pas seulement destiné aux jardiniers expérimentés, aux préparateurs consciencieux et aux conservateurs experts. Il s'adresse à tous ceux qui aiment les aliments frais et qui veulent participer à leur conservation. Pour s'adapter aux modes de vie actifs d'aujourd'hui, la déshydratation doit s'intégrer facilement à votre routine quotidienne, prendre le moins de temps possible et nécessiter un minimum de temps de préparation. En combinant l'achat en vrac avec des séances de conservation par lots, ainsi qu'un déshydrateur efficace, vous pouvez sécher les aliments à utiliser tous les jours.

SIROPS & GELÉES

1. Sirop Myrtille Basilic

Rendement : 3 tasses

Temps de préparation : 10 minutes

Temps de cuisson : 10 minutes

INGRÉDIENTS

2 tasses de bleuets déshydratés

2 tasses de sucre

$\frac{1}{4}$ tasse de feuilles de basilic séchées

$\frac{1}{8}$ cuillère à café d'acide ascorbique

DIRECTIONS

1. Pour faire du jus de myrtille, faites cuire les myrtilles déshydratées dans $2\frac{1}{2}$ tasses d'eau dans une casserole non réactive. Porter à ébullition et laisser mijoter pendant 10 minutes en remuant et en écrasant les fruits pendant la cuisson. Passer dans une passoire pour retirer les baies. Réserver les baies.

2. Mélangez le jus de myrtille, le sucre et les feuilles de basilic dans une casserole et portez à ébullition. Réduire le feu et laisser mijoter 5 minutes. Écumez toute mousse.

3. Retirer la casserole du feu et filtrer les feuilles de basilic.

4. Facultativement, si vous aimez les morceaux de bleuets dans votre sirop, remettez le sirop filtré dans la casserole et rajoutez les baies. Laisser mijoter 2 minutes.

5. Retirer la casserole du feu et ajouter l'acide ascorbique. Remuer pour combiner.

6. Verser le sirop fini dans des pots stérilisés, sceller et étiqueter. Ce sirop peut être utilisé immédiatement ou conservé dans des bouteilles à couvercle basculant jusqu'à un an avec de l'acide ascorbique ajouté, ou 6 mois sans acide ascorbique. Réduire la teneur en sucre réduira la durée de conservation. Vous pouvez conserver toutes les bouteilles entamées au réfrigérateur jusqu'à 2 semaines.

2. Pectine avec Moelle d'Agrumes

Rendement : 2 tasses

Temps de préparation : 5 minutes

Temps de cuisson : 20 minutes plus temps de repos

INGRÉDIENTS

½ livre de moelle et de graines d'agrumes

¼ tasse de jus d'agrumes, comme du citron

DIRECTIONS

1. Utilisez un épluche-légume pour enlever la peau du fruit. Gardez la peau pour la déshydratation.

2. Utilisez un épluche-légumes pour enlever la moelle. Hachez la moelle et mettez-la de côté, ainsi que les graines.

3. Ajouter la moelle, les graines et le jus d'agrumes dans une casserole moyenne non réactive. Laissez le pot reposer pendant une heure.

4. Ajouter 2 tasses d'eau et laisser reposer encore une heure.

5. Portez les ingrédients de la casserole à ébullition à feu vif. Réduire le feu et laisser mijoter 15 minutes. Refroidir à température ambiante.

6. Placer le mélange dans un sac à gelée et laisser égoutter. Presser pour retirer le jus.

7. Conservez la pectine supplémentaire au congélateur.

3. Gelée de Pamplemousse Rose

Rendement : 2 tasses

Temps de préparation : 15 minutes

Temps de cuisson : 30 minutes

INGRÉDIENTS

4 poignées de zestes ou rondelles de pamplemousse rose déshydratés

2 tasses d'eau fraîche

$1\frac{1}{2}$ tasse de sucre

DIRECTIONS

1. Placez les pelures ou les rondelles de pamplemousse dans un grand bol et couvrez d'eau froide jusqu'à ce qu'elles soient dodues, environ 15 minutes. Égoutter et réserver le jus de pamplemousse.

2. Couper le pamplemousse réhydraté en petits morceaux.

3. Mesurez $\frac{1}{2}$ livre de morceaux de pamplemousse hachés et ajoutez-les dans une casserole non réactive avec l'eau et le sucre réservés. Ajouter suffisamment d'eau pour recouvrir les morceaux de pamplemousse, si nécessaire. Faire bouillir jusqu'à cuisson complète, 30 minutes.

4. Égoutter dans un sac à gelée. Laisser refroidir légèrement et presser tout le liquide.

SAUCES & VINAIGRETTES

4. Miel infusé au gingembre et au citron

Rendement : 1 tasse

Temps de préparation : 5 minutes, plus 2 semaines d'attente

INGRÉDIENTS

1 cuillère à soupe de gingembre séché

1 cuillère à café d'écorces d'agrumes séchées

1 tasse de miel brut, non filtré, non pasteurisé, légèrement réchauffé

DIRECTIONS

1. Placez le gingembre et les agrumes séchés dans un moulin à café et hachez-les pour libérer les saveurs aromatiques.

2. Placez le gingembre et les agrumes dans un sachet de thé ou un carré d'étamine et attachez avec de la ficelle pour que le sac/étamine reste fermé. (Il est presque impossible de cueillir des herbes séchées dans du miel.)

3. Dans un pot d'une pinte, versez les trois quarts du miel légèrement réchauffé sur le dessus du sac à herbes. Utilisez une baguette ou une brochette pour remuer le miel, éliminer les bulles d'air et assurez-vous que le sac d'herbes est complètement humidifié.

4. Complétez le pot avec le miel restant. Bien visser le couvercle. Placez le pot à l'abri de la lumière directe du soleil, dans un endroit où vous pourrez surveiller le processus.

5. Laisser infuser les saveurs pendant 2 semaines. Si vous avez un problème avec le sac à épices flottant à la surface, retournez le pot. Cela gardera les saveurs submergées et mélangera légèrement le miel.

6. Après 2 semaines, retirez le sachet de thé et conservez le miel dans le garde-manger jusqu'à un an.

5. Sauce barbecue au miel et aux pêches

Rendement : 1 tasse

Temps de préparation : 30 minutes

Temps de cuisson : 20 minutes

INGRÉDIENTS

16 tranches de pêches déshydratées ou 1 tasse de pêches fraîches tranchées

2 cuillères à café d'huile d'olive

1 tasse d'oignon haché

1 cuillère à café de sel

1 cuillère à café de poudre de chipotle

¼ cuillère à café de cumin moulu

pincée de piment

¼ tasse de miel

4 cuillères à café de vinaigre de cidre de pomme

DIRECTIONS

1. Placer les pêches dans un grand bol, couvrir d'eau tiède et laisser tremper pendant 30 minutes. Égoutter et jeter le liquide de trempage. Hacher grossièrement les pêches réhydratées. et mettre de côté.

2. Enduisez le fond d'une casserole moyenne d'huile d'olive. À feu moyen, ajouter les oignons et cuire jusqu'à ce qu'ils soient ramollis et commencent à dorer, 5 minutes.

3. Ajouter le sel, le chipotle, le cumin et le piment de la Jamaïque et cuire jusqu'à ce que les épices sentent bon, environ 30 secondes.

4. Ajouter les pêches réhydratées, le miel et le vinaigre et remuer pour enrober.

5. Couvrir la casserole, augmenter le feu à moyen-élevé et cuire jusqu'à ce que les pêches soient complètement molles et se décomposent, 15 minutes.

6. Passer au mélangeur pour réduire en purée ou utiliser un mélangeur à immersion. Ajouter du vinaigre de cidre de pomme supplémentaire pour une sauce plus fluide.

6. Beurre de poire épicé à la mijoteuse

Rendement : 3 tasses

Temps de préparation : 1h

Temps de cuisson : 4 à 8 heures

INGRÉDIENTS

1 livre de poires déshydratées

¼ tasse de cassonade

1 cuillère à soupe de cannelle

1 cuillère à café de gingembre moulu

½ cuillère à café de muscade moulue

DIRECTIONS

1. Ajouter les poires déshydratées dans une mijoteuse et ajouter suffisamment d'eau pour couvrir les fruits. Sans couvercle, cuire à feu doux pendant 1 heure jusqu'à ce que les poires se réhydratent.

2. Ajouter le reste des ingrédients dans la mijoteuse, remuer pour combiner et couvrir.

3. Cuire pendant 4 heures à intensité élevée ou 6 à 8 heures à intensité faible.

4. Utilisez un mélangeur à immersion pour réduire le mélange en purée ou transférez-le dans un mélangeur et mélangez par petites quantités.

5. Conserver au réfrigérateur jusqu'à 3 semaines.

7. Beurre de cacahuètes grillées maison

Rendement : ½ tasse

Temps de préparation : 20 minutes

Temps de cuisson : 5 minutes

INGRÉDIENTS

2 tasses de cacahuètes déshydratées

Miel, à gouter

DIRECTIONS

1. Préchauffer le four à 300°F.

2. Étalez les cacahuètes sur une épaisseur maximale de ½ pouce sur une plaque à pâtisserie. Rôtir pendant 20 minutes. Lorsqu'ils sont correctement torréfiés, ils seront légèrement dorés et auront le goût de cacahuètes, de noisette et agréable, pas comme un haricot.

3. Au robot culinaire, broyer les cacahuètes grillées jusqu'à ce que du beurre se forme, environ 5 minutes. Raclez les côtés et ajoutez du miel au goût, en traitant encore une minute jusqu'à ce qu'il atteigne la consistance souhaitée. De l'huile végétale ou d'arachide supplémentaire peut être ajoutée si vous voulez un beurre d'arachide plus fin.

8. Vinaigrette crémeuse au concombre

Rendement : 2 tasses

Temps de préparation : 15 minutes

INGRÉDIENTS

1 tasse de chips de concombre déshydratées

½ tasse d'oignons verts déshydratés

½ cuillère à café d'ail séché

¾ tasse de crème sure légère

1 cuillère à soupe de mayonnaise légère

1 cuillère à soupe de jus de citron

1 cuillère à café d'aneth séché, de basilic ou de persil

DIRECTIONS

1. Placer les chips de concombre et les oignons dans un grand bol, couvrir d'eau froide et laisser tremper pendant 15 minutes. Égoutter et jeter le liquide de trempage.

2. Mélanger les légumes réhydratés et les ingrédients restants dans un mélangeur ou un petit robot culinaire jusqu'à consistance lisse.

3. Ajouter un peu de lait si la vinaigrette doit être diluée.

LÉGUMES EN POUDRE

9. Poudre De Tomate

Rendement : ⅔ tasse

Temps de préparation : 5 minutes

INGRÉDIENTS

1 tasse de tomates déshydratées, divisées

DIRECTIONS

1. Par lots de ¼ de tasse, broyez les tomates déshydratées dans un robot culinaire, un mélangeur ou un moulin à café jusqu'à ce que les tomates atteignent la forme de poudre.

2. Transférer dans une passoire à mailles et, à l'aide d'une spatule, déplacer les morceaux jusqu'à ce que la poudre tombe à travers la maille.

10. Poudre De Patate Douce

Rendement : 2 tasses de purée, ½ tasse de poudre

Temps de préparation : 60 minutes

Temps de cuisson : 5 à 8 heures

INGRÉDIENTS

2 livres de patates douces

DIRECTIONS

1. Épluchez les patates douces ou laissez-les avec la peau pour un avantage nutritionnel supplémentaire. Couper en fines lanières. Faire bouillir 10 à 15 minutes, jusqu'à ce que les patates douces soient tendres, puis égoutter et réserver le liquide de cuisson. Alternativement, faites cuire des bandes entières et coupées une fois cuites.

2. Écrasez les patates douces jusqu'à l'obtention d'une consistance lisse. Diluer avec de l'eau, de préférence du liquide de cuisson, si nécessaire.

3. Étalez ½ tasse de purée de pommes de terre sur chaque feuille de Paraflexx, plateau recouvert de pellicule plastique ou sur des feuilles de cuir de fruits. Étaler TRÈS mince.

4. Sécher à 135°F pendant 4 à 6 heures. Lorsque le dessus est sec, retournez les feuilles de patates douces, retirez le film de la plaque et séchez le dessous encore 1 à 2 heures si nécessaire.

5. Arrêtez le séchage lorsque les feuilles de patates douces sont croustillantes et que le produit s'effrite.

6. Transformez en poudre en ajoutant l'écorce de patate douce déshydratée dans un mélangeur ou un robot culinaire et en mélangeant.

11. Sel de céleri

Rendement : 1 tasse

Temps de préparation : 5 minutes

INGRÉDIENTS

½ tasse de branches et de feuilles de céleri séchées

½ tasse de sel casher, et plus au besoin

DIRECTIONS

1. Moudre le céleri dans un moulin à café ou un robot culinaire jusqu'à ce qu'il soit finement moulu.

2. Ajouter le sel kasher et traiter par courtes rafales pendant une minute, jusqu'à ce que le mélange atteigne la consistance que vous recherchez. Jouez avec le rapport sel et céleri selon vos goûts.

12. Mélange de poudre verte

Rendement : 2 tasses de poudre

Temps de préparation : 5 minutes

Temps de cuisson : 4 à 8 heures

INGRÉDIENTS

6 tasses de feuilles d'épinards frais

6 tasses de feuilles de chou frais

DIRECTIONS

1. Il n'est pas nécessaire de couper les feuilles de légumes avant de les déshydrater ; cependant, vous voudrez peut-être enlever les côtes, les tiges et les graines dures.

2. Séchez les légumes à 100°F et commencez à vérifier la sécheresse à 4 heures. Selon la taille des feuilles et leur épaisseur, cela peut prendre jusqu'à 8 heures.

3. Une fois sèches, frottez les feuilles entre vos mains pour les casser en plus petits morceaux. Broyer les morceaux dans un robot culinaire, un mélangeur ou un moulin à café jusqu'à ce que les verts deviennent une poudre. Passer la poudre au tamis. Mélangez à nouveau tous les gros morceaux jusqu'à ce qu'ils soient tous réduits en poudre.

FRUITS DÉSHYDRATÉS

13. Noix de coco râpée

Rendement : 2 à 3 tasses

Temps de préparation : 20 minutes

Temps de cuisson : 6 à 10 heures

INGRÉDIENTS

1 petite noix de coco fraîche, décortiquée

DIRECTIONS

1. Percez un trou dans le haut de la noix de coco et égouttez le lait.

2. À l'aide d'un marteau, cassez la noix de coco en deux le long de la marque centrale. Retirez la coque extérieure dure.

3. Retirez la membrane extérieure souple à l'aide d'un éplucheur de légumes ou d'un couteau bien aiguisé.

4. Râpez la viande de noix de coco fraîche de plusieurs façons.

5. Sécher les lambeaux petits et moyens sur un plateau déshydrateur à 110°F pendant 6 à 8 heures. Les copeaux de noix de coco épais peuvent prendre jusqu'à 10 heures pour finir.

14. Farine de Noix de Coco

Rendement : ½ tasse

Temps de préparation : 5 minutes

Temps de cuisson : 2 à 4 heures

INGRÉDIENTS

1 tasse de noix de coco râpée (page 96)

2 tasses d'eau

DIRECTIONS

1. Placez la noix de coco râpée dans un mixeur avec 2 tasses d'eau. Mélangez à feu vif jusqu'à ce que la noix de coco soit finement hachée.

2. Filtrer le lait à travers un sac à gelée ; économiser pour boire.

3. Prenez la pulpe, étalez-la sur une feuille de déshydrateur Paraflexx, et séchez-la à 110°F pendant 2 à 4 heures.

4. Une fois séchée, transformez la pulpe déshydratée en une poudre fine. Cette farine de noix de coco contiendra moins de matières grasses et nécessitera également plus d'eau ou d'œufs lorsqu'elle sera utilisée dans des recettes.

Variante : Vous pouvez omettre l'eau et traiter la noix de coco râpée en petits lots dans un mélangeur jusqu'à ce qu'elle ait la consistance d'une poudre fine. Cette farine a une teneur plus élevée en matières grasses et ne sera pas aussi sèche dans les recettes.

15. Rouleaux aux fraises et aux bananes

Rendement : 3 grands plateaux, 24 rouleaux

Temps de préparation : 10 minutes

Temps de cuisson : 6 à 8 heures

INGRÉDIENTS

2 livres de fraises, équeutées

3 bananes mûres de taille moyenne

miel (facultatif)

eau ou jus de fruits, au besoin

DIRECTIONS

1. Coupez les fraises en quartiers, puis passez-les au mixeur.

2. Cassez les bananes en morceaux de 2 pouces, puis ajoutez-les au mélangeur.

3. Ajouter du miel au goût, si désiré.

4. En suivant les directives de non-cuisson pour le cuir de fruits à la page 38, mélanger les fruits jusqu'à consistance lisse. Ajouter de l'eau ou du jus par incréments de 1 cuillère à soupe, au besoin, pour diluer le mélange.

5. Couvrez les plateaux du déshydrateur avec un plateau en cuir de fruits en plastique ou une pellicule plastique. Verser le mélange en quantités égales sur les plateaux du déshydrateur.

Couvrir avec des couvre-plateaux ou une pellicule plastique.
Sécher à 125°F pendant 6 à 8 heures.

16. Cuir Pomme Cannelle

Rendement : 4 grands plateaux, 36 rouleaux

Temps de préparation : 40 minutes

Temps de cuisson : 6 à 10 heures

INGRÉDIENTS

8 pommes douces, pelées et évidées

1 tasse d'eau

cannelle moulue, au goût

2 cuillères à soupe de jus de citron

sucre, au goût (facultatif)

DIRECTIONS

1. Hachez grossièrement les pommes. Ajouter les pommes et l'eau dans une grande casserole. Couvrir et laisser mijoter à feu moyen-doux pendant 15 minutes.

2. Écrasez les pommes dans la casserole, puis ajoutez la cannelle, le jus de citron et le sucre, le cas échéant. Laisser mijoter 10 minutes.

3. Laisser refroidir le mélange, puis faire passer de petites quantités de pommes dans un mélangeur ou un moulin jusqu'à ce qu'une purée homogène se forme.

4. Couvrez les plateaux du déshydrateur avec un plateau en cuir de fruits en plastique ou une pellicule plastique. Étalez la purée sur les plateaux du déshydrateur pour former une couche de $\frac{1}{4}$ de pouce d'épaisseur. Couvrir avec des couvre-plateaux ou une pellicule plastique. Sécher à 125°F pendant 6 à 10 heures.

17. Cuir de tarte à la citrouille

Rendement : 3 grands plateaux, 24 rouleaux

Temps de préparation : 5 à 20 minutes si vous utilisez de la citrouille en conserve ; 40 à 60 minutes pour la citrouille fraîche

Temps de cuisson : 8 à 10 heures

INGRÉDIENTS

1 (29 onces) de citrouille ou 3 tasses de citrouille fraîche, cuite et réduite en purée

$\frac{1}{4}$ tasse de miel

$\frac{1}{4}$ tasse de compote de pommes

2 cuillères à café de cannelle moulue

$\frac{1}{2}$ cuillère à café de muscade moulue

$\frac{1}{2}$ cuillère à café de clous de girofle en poudre

$\frac{1}{2}$ cuillère à café de gingembre moulu

DIRECTIONS

1. Mélanger tous les ingrédients dans un grand bol jusqu'à ce qu'une purée se forme.

2. Couvrez les plateaux du déshydrateur avec un plateau en cuir de fruits en plastique ou une pellicule plastique. Étalez la purée sur les plateaux du déshydrateur pour former une couche de $\frac{1}{4}$

de pouce d'épaisseur. Couvrir avec des couvre-plateaux ou une pellicule plastique. Sécher à 130°F pendant 8 à 10 heures.

18. Cuir de tomates mélangées à pizza

Rendement : 2 grands plateaux, 16 rouleaux

Temps de préparation : 40 minutes

Temps de cuisson : 8 à 12 heures

INGRÉDIENTS

1 livre de tomates, évidées et coupées en quartiers

½ cuillère à soupe de mélange d'assaisonnement pour pizza (facultatif)

DIRECTIONS

1. Cuire les tomates dans une casserole moyenne couverte à feu doux pendant 15 à 20 minutes. Retirer du feu et laisser refroidir quelques minutes.

2. Réduire en purée les tomates cuites dans un mélangeur ou un robot culinaire jusqu'à consistance lisse. Ajouter l'assaisonnement, le cas échéant, et mélanger.

3. Remettre la purée dans la casserole et chauffer jusqu'à ce que l'eau se soit évaporée et que la sauce ait épaissi.

4. Couvrez les plateaux du déshydrateur avec un plateau en cuir de fruits en plastique ou une pellicule plastique. Étalez la purée de tomates sur les plateaux du déshydrateur pour former une couche de ¼ de pouce d'épaisseur. Couvrir avec des couvre-plateaux ou une pellicule plastique. Sécher à 135°F pendant 8 à 12 heures.

19. Cuir Végétal Mixte

Rendement : 1 grand plateau, 8 rouleaux

Temps de préparation : 40 minutes

Temps de cuisson : 4 à 8 heures

INGRÉDIENTS

2 tasses de tomates, évidées et coupées en morceaux

1 petit oignon, haché

$\frac{1}{4}$ tasse de céleri haché

1 branche de basilic

sel, au goût

DIRECTIONS

1. Cuire tous les ingrédients dans une casserole moyenne couverte à feu doux pendant 15 à 20 minutes. Retirer du feu et laisser refroidir quelques minutes.

2. Ajouter au mélangeur et réduire en purée jusqu'à consistance lisse.

3. Remettre la purée dans la casserole et chauffer jusqu'à ce que l'eau se soit évaporée et que la sauce ait épaissi.

4. Couvrez les plateaux du déshydrateur avec un plateau en cuir de fruits en plastique ou une pellicule plastique. Étalez la purée sur les plateaux du déshydrateur pour former une couche de $\frac{1}{4}$

de pouce d'épaisseur. Couvrir avec des couvre-plateaux ou une pellicule plastique. Sécher à 135°F, jusqu'à ce qu'il soit souple (pour un wrap), environ 4 heures, ou jusqu'à ce qu'il soit croustillant (à utiliser dans les soupes et les casseroles), 6 à 8 heures.

20. Wraps à la tomate

Rendement : 2 grands plateaux, 6 enveloppes

Temps de préparation : 5 minutes

Temps de cuisson : 4 heures

INGRÉDIENTS

2 livres de tomates, évidées et hachées

assaisonnements, au goût

DIRECTIONS

1. Réduire en purée les tomates fraîches dans un mélangeur ou un robot culinaire jusqu'à consistance lisse.

2. Ajouter l'assaisonnement au goût.

3. Couvrez les plateaux du déshydrateur avec un plateau en cuir de fruits en plastique ou une pellicule plastique. Étalez la purée sur les plateaux du déshydrateur pour former une couche de $\frac{1}{4}$ de pouce d'épaisseur. Couvrir avec des couvre-plateaux ou une pellicule plastique. Sécher à 125 ° F jusqu'à ce qu'il soit souple et capable de se retirer des plateaux, mais pas croustillant, environ 4 heures.

MÉLANGES D'ASSAISONNEMENTS

21. Mélange d'assaisonnement cajun

Rendement : 1½ tasse

INGRÉDIENTS

¼ tasse d'ail en poudre

¼ tasse casher ou sel de mer

½ tasse de paprika

2 cuillères à soupe de poivre

2 cuillères à soupe d'oignon en poudre

2 cuillères à soupe d'origan séché

1 cuillère à soupe de thym séché

1 cuillère à soupe de poudre de cayenne (facultatif)

DIRECTIONS

Mélanger tous les ingrédients dans un bocal avec assez de place pour secouer les ingrédients.

22. Mélange d'assaisonnement pour bifteck

INGRÉDIENTS

2 cuillères à soupe de gros sel

1 cuillère à soupe de poivre

1 cuillère à soupe de coriandre

1 cuillère à soupe de graine de moutarde

½ cuillère à soupe de graines d'aneth

½ cuillère à soupe de flocons de piment rouge

DIRECTIONS

Mélanger et passer dans un moulin à épices ou un moulin à café pour obtenir une poudre. Utilisez ½ cuillère à soupe pour 1½ livre de viande.

23. Mélange d'assaisonnement pour pizza

INGRÉDIENTS

1½ cuillères à café de basilic séché

1½ cuillères à café d'origan séché

1½ cuillères à café d'oignon séché

1½ cuillères à café de romarin séché

½ cuillère à café de thym séché

½ cuillère à café d'ail en poudre

½ cuillère à café de sel

½ cuillère à café de flocons de piment rouge

DIRECTIONS

Mélanger et passer dans un moulin à épices ou un moulin à café pour obtenir une poudre. Utilisez ½ cuillère à soupe par livre de tomates.

24. Mélange d'épices créoles

Rendement : environ ½ tasse

INGRÉDIENTS

1 cuillère à soupe d'oignon en poudre

1 cuillère à soupe d'ail en poudre

1 cuillère à soupe de basilic séché

½ cuillère à soupe de thym séché

½ cuillère à soupe de poivre noir

½ cuillère à soupe de poivre blanc

½ cuillère à soupe de piment de Cayenne

2½ cuillères à soupe de paprika

1½ cuillères à soupe de sel

DIRECTIONS

Mélanger la poudre d'oignon, la poudre d'ail, le basilic séché, le thym séché, le poivre, le paprika et le sel dans un petit bol. Bien mélanger.

25. Assaisonnement aux herbes

Rendement : 1 portion

INGRÉDIENT

½ cuillère à café de piment moulu

1 cuillère à soupe d'ail en poudre

1 cuillère à thé chacun de basilic séché, marjolaine séchée, thym séché, persil séché,

Sarriette séchée, macis, poudre d'oignon, poivre noir fraîchement moulu, sauge en poudre.

DIRECTIONS:

Mélanger les ingrédients, conserver dans un récipient hermétique dans un endroit frais, sec et sombre jusqu'à six mois.

26. Mélange d'herbes éthiopiennes (berbere)

Rendement : 1 portion

INGRÉDIENT

2 cuillères à café de graines de cumin entières

4 clous de girofle entiers

$\frac{3}{4}$ cuillère à café de graines de cardamome noire

$\frac{1}{2}$ cuillère à café de grains de poivre noir entiers

$\frac{1}{4}$ cuillère à café de piment entier

1 cuillère à café de graines de fenugrec

$\frac{1}{2}$ cuillère à café de graines de coriandre entières

10 petits piments rouges séchés

$\frac{1}{2}$ cuillère à café de gingembre râpé

$\frac{1}{4}$ cuillère à café de curcuma

$2\frac{1}{2}$ cuillères à soupe de paprika hongrois doux

$\frac{1}{8}$ cuillère à café de cannelle

$\frac{1}{8}$ cuillère à café de clous de girofle moulus

DIRECTIONS:

Dans une petite poêle, à feu doux, faire griller le cumin, les clous de girofle, la cardamome, les grains de poivre, le piment de la Jamaïque, le fenugrec et la coriandre environ 2 minutes en remuant constamment

Retirer du feu et laisser refroidir 5 minutes. Jetez les tiges des piments. Dans un moulin à épices ou avec un mortier et un pilon, broyer finement les épices grillées et les piments.

Mélanger les ingrédients restants.

27. Mélange de vinaigrette aux fines herbes

Rendement : 1 portion

INGRÉDIENT

¼ tasse de flocons de persil

2 cuillères à soupe d'origan, de basilic et de marjolaine séchés, émiettés

2 cuillères à soupe de sucre

1 cuillère à soupe de graines de fenouil, écrasées

1 cuillère à soupe de moutarde sèche

1½ cuillère à café de poivre noir

DIRECTIONS:

Placer tous les ingrédients dans un bocal de 1 pinte, couvrir hermétiquement et bien agiter pour mélanger. Conserver dans un endroit frais, sombre et sec

Donne 1 tasse pour faire de la vinaigrette aux herbes : Dans un petit bol, fouetter ensemble 1 cuillère à soupe de mélange de vinaigrette aux herbes, ¾ tasse d'eau tiède, 2½ cuillères à soupe de vinaigre d'estragon ou de vinaigre de vin blanc, 1 cuillère à soupe d'huile d'olive et 1 gousse d'ail écrasée.

Goûtez et ajoutez ¼ à ½ cuillère à café du mélange de vinaigrette aux herbes si vous voulez une saveur plus forte. Laisser reposer à température ambiante au moins 30 minutes avant utilisation, puis fouetter à nouveau.

28. Vinaigre aux fines herbes

Rendement : 1 portion

Ingrédient

- 1 pinte de vinaigre de vin rouge
- 1 morceau de vinaigre de cidre
- 2 gousses d'ail pelées et coupées en deux
- 1 Branche d'estragon
- 1 Branche de thym
- 2 brins d'origan frais
- 1 petite branche de basilic doux
- 6 grains de poivre noir

Les directions:

Versez le vin rouge et le vinaigre de cidre dans un bocal d'un litre. Ajouter l'ail, les herbes, les grains de poivre et couvrir. Laisser reposer dans un endroit frais, à l'abri du soleil, pendant trois semaines. Agiter de temps en temps. Verser dans des bouteilles et boucher avec du liège.

29. Pesto aux herbes mélangées

Rendement : 1 portion

INGRÉDIENT

1 tasse de persil plat frais tassé

½ tasse de feuilles de basilic frais emballées;

1 cuillère à soupe de feuilles de thym frais

1 cuillère à soupe de feuilles de romarin frais

1 cuillère à soupe de feuilles d'estragon frais

½ tasse de parmesan fraîchement râpé

⅓ tasse d'huile d'olive

¼ tasse de noix; doré grillé

1 cuillère à soupe de vinaigre balsamique

DIRECTIONS:

Dans un robot culinaire, mélanger tous les ingrédients avec du sel et du poivre au goût jusqu'à consistance lisse. (Le pesto se conserve, surface recouverte d'un film plastique, réfrigéré, 1 semaine.)

30. Marinade à la moutarde

Rendement : 1 portion

INGRÉDIENT

½ tasse de moutarde de Dijon

2 cuillères à soupe de moutarde sèche

2 cuillères à soupe d'huile végétale

¼ tasse de vin blanc sec

2 cuillères à soupe d'estragon séché

2 cuillères à soupe de thym séché

2 cuillères à soupe de sauge séchée, écrasée

DIRECTIONS:

Mélanger tous les ingrédients dans un bol. Laisser reposer 1 heure. Ajouter le poulet ou le poisson et bien enrober. Laisser reposer dans la marinade. Séchez avec des serviettes en papier

Utilisez le reste de la marinade pour arroser le poisson ou le poulet juste avant de le retirer du gril.

31. Sauce dessert aux herbes

Rendement : 1 portion

INGRÉDIENT

⅓ tasse de crème épaisse

¾ tasse de babeurre

1 cuillère à café de zeste de citron râpé

¼ cuillère à café de gingembre moulu

⅛ cuillère à café de cardamome moulue

¼ tasse de Garam masala, piment de la Jamaïque ou

Noix de muscade

DIRECTIONS:

Fouetter la crème dans un bol réfrigéré de taille moyenne jusqu'à la formation de pics mous.

Mélanger le reste des ingrédients dans un petit bol et incorporer délicatement à la crème. La sauce doit avoir la consistance d'une crème épaisse.

32. Vinaigrette aux herbes et agrumes

Rendement : 1 portion

INGRÉDIENT

½ poivron rouge de taille moyenne,

2 tomates moyennes, coupées en morceaux

½ tasse de basilic frais légèrement tassé

2 gousses d'ail, hachées

½ tasse de jus d'orange frais

½ tasse de persil frais légèrement tassé

¼ tasse de vinaigre de framboise

1 cuillère à soupe de moutarde sèche

2 cuillères à café de feuilles de thym frais

2 cuillères à café d'estragon frais

2 cuillères à café d'origan frais

Poivre noir moulu

DIRECTIONS:

Mélanger tous les ingrédients dans un mélangeur ou un robot culinaire et réduire en purée.

33. Vinaigrette aux fines herbes

Rendement : 6 portions

INGRÉDIENT

1 cuillère à soupe de lait

12 onces de fromage cottage

1 cuillère à café de jus de citron

1 petite tranche d'oignon - mince

3 radis -- coupés en deux

1 cuillère à café d'herbes à salade mélangées

1 brin de persil

$\frac{1}{4}$ cuillère à café de sel

DIRECTIONS:

Mettre le lait, le fromage cottage et le jus de citron dans un récipient mélangeur et mélanger jusqu'à consistance lisse. Ajouter le reste des ingrédients au mélange de fromage cottage et mélanger jusqu'à ce que tous les légumes soient hachés.

34. Mélange d'herbes de provence

Rendement : 1 portion

INGRÉDIENT

½ tasse de thym entier séché

¼ tasse de basilic entier séché

2 cuillères à soupe d'origan entier séché

2 cuillères à soupe de romarin entier séché

DIRECTIONS:

Bien mélanger les épices. Conserver dans une caisse hermétiquement fermée

35. Marinade aux herbes et à l'huile

Rendement : 1 portion

INGRÉDIENT

Jus et zeste d'1 orange

¼ tasse de jus de citron

¼ tasse d'huile végétale

½ cuillère à café de gingembre

½ cuillère à café de sauge

1 gousse d'ail, hachée

Poivre fraîchement moulu

DIRECTIONS:

Mélanger les ingrédients. Laisser mariner la viande dans un plat en verre peu profond pendant 4 heures au réfrigérateur. Badigeonner de marinade pendant la cuisson au gril ou au barbecue.

36. Vinaigres aux herbes faciles

Rendement : 1 portion

INGRÉDIENT

4 brins de romarin frais

DIRECTIONS:

Pour faire du vinaigre d'herbes, mettez les herbes rincées et séchées et toutes les épices dans une bouteille de vin stérilisée de 750 ml et ajoutez environ 3 tasses de vinaigre, en remplissant jusqu'à $\frac{1}{4}$ de pouce du haut. Arrêtez avec un bouchon neuf et laissez infuser 2 à 3 semaines. Le vinaigre a une durée de conservation d'au moins 1 an.

Avec du vinaigre de vin rouge, utiliser : 4 brins de persil frisé frais, 2 cuillères à soupe de poivre noir en grains

37. Pesto oseille-ciboulette

Rendement : 1 portion

INGRÉDIENT

1 tasse d'oseille

4 cuillères à soupe d'échalotes ; finement haché

4 cuillères à soupe de pignons de pin ; terrain

3 cuillères à soupe de persil; haché

3 cuillères à soupe de ciboulette; haché

Zeste râpé de 4 oranges

¼ Oignons rouges; haché

1 cuillère à soupe de moutarde sèche

1 cuillère à café de sel

1 cuillère à café de poivre noir

1 pincée Poivre, cayenne

¾ tasse d'huile. olive

DIRECTIONS:

Mélanger l'oseille, les échalotes, les pignons, le persil, la ciboulette, le zeste d'orange et l'oignon dans un robot culinaire ou un mélangeur.

Ajouter la moutarde sèche, le sel, le poivre et le poivre de Cayenne, et mélanger à nouveau. Versez LENTEMENT un filet d'huile pendant que la lame est en mouvement.

Transférer dans des bocaux en verre trempé.

38. Vinaigrette aux herbes et au concombre

Rendement : 12 portions

INGRÉDIENT

½ tasse de persil

1 cuillère à soupe d'aneth frais, haché

1 cuillère à café d'estragon frais, haché

2 cuillères à soupe de concentré de jus de pomme

1 concombre moyen, pelé, épépiné

1 gousse d'ail, hachée

2 oignons verts

1½ cuillère à café de vinaigre de vin blanc

½ tasse de yogourt faible en gras

¼ cuillère à café de moutarde de Dijon

DIRECTIONS:

Mélanger tous les ingrédients sauf le yogourt et la moutarde dans un mélangeur. Mélanger jusqu'à consistance lisse, incorporer le yogourt et la moutarde. Conserver au réfrigérateur

39. Noix de pécan aux herbes

Rendement : 1 portion

INGRÉDIENT

½ tasse de noix de pécan - cassées

3 gousses d'ail - coupées

½ tasse d'origan frais

½ tasse de thym frais

½ cuillère à café de zeste de citron

½ cuillère à café de poivre noir

¼ cuillère à café de sel

¼ tasse d'huile de cuisson

DIRECTIONS:

Dans un mélangeur ou un robot culinaire, combiner tous les ingrédients SAUF l'huile.

Couvrir et mélanger plusieurs fois, en raclant les côtés, jusqu'à l'obtention d'une pâteformes.

Avec la machine en marche, ajouter graduellement l'huile jusqu'à ce que le mélange forme une pâte.

Frotter sur du poisson ou du poulet.

40. Vinaigrette piquante aux herbes

Rendement : 1

INGRÉDIENT

¾ tasse de jus de raisin blanc; ou jus de pomme

¼ tasse de vinaigre de vin blanc

2 cuillères à soupe de pectine de fruits en poudre

1 cuillère à café de moutarde de Dijon

2 gousses d'ail; écrasé

1 cuillère à café de flocons d'oignons séchés

½ cuillère à café de basilic séché

½ cuillère à café d'origan séché

¼ cuillère à café de poivre noir; grossièrement moulu

DIRECTIONS:

Dans un petit bol, combiner le jus de raisin, le vinaigre et la pectine; remuer jusqu'à ce que la pectine soit dissoute. Incorporer la moutarde et les ingrédients restants; bien mélanger. Conserver au réfrigérateur

41. Gommage ail-citron-herbes

Rendement : 1 portion

INGRÉDIENT

1/4 tasse d'ail; haché

1/4 tasse de zeste de citron ; râpé

1/2 tasse de persil ; frais, haché fin

2 cuillères à soupe Thym; frais haché

2 cuillères à soupe de romarin

2 cuillères à soupe de sauge; frais, haché

1/2 tasse d'huile d'olive

DIRECTIONS:

Dans un petit bol, combiner les ingrédients et bien mélanger. Utilisez le jour où il est mélangé.

42. Trempette aux herbes Dolce latté

Rendement : 6 portions

INGRÉDIENT

450 millilitres de crème sure

150 grammes de dolce latte; en miettes

1 cuillère à soupe de jus de citron

4 cuillères à soupe Mayonnaise

2 cuillères à soupe de pâte de curry douce

1 Poivron rouge; en dés

1 50 grammes de fromage à pâte molle entier; (2 oz.)

1 petit oignon ; finement coupé en dés

2 cuillères à soupe d'herbes mélangées

2 cuillères à soupe de purée de tomates

Sel et poivre noir fraîchement moulu

Crudités de légumes et tranches de pain pita

DIRECTIONS:

Répartir la crème sure dans 3 petits bols. Dans un bol, ajouter le dolce latté et le jus de citron, dans le second bol, ajouter 2 cuillères à soupe de mayonnaise, la pâte de curry et le poivron rouge. Dans le troisième bol, ajouter le fromage à pâte molle entier, l'oignon, les herbes et la purée de tomates.

Ajouter l'assaisonnement au goût dans chacun des bols et bien mélanger. Transférer les trempettes dans des plats de service et servir frais avec des crudités de légumes et des tranches de pain pita.

43. Mélange d'herbes françaises

Rendement : 2 tasses

INGRÉDIENT

½ tasse d'estragon

½ tasse de cerfeuil

2 cuillères à soupe de feuilles de sauge

½ tasse de thym

2 cuillères à soupe de romarin

5 cuillères à soupe de ciboulette

2 cuillères à soupe de zeste d'orange, desséché

2 cuillères à soupe de graines de céleri, moulues

DIRECTIONS:

Videz le tout et mélangez jusqu'à ce qu'ils soient bien combinés. Mettre en petits pots et étiqueter

Émietter les épices à la main lors de l'utilisation.

Mesurez les épices en volume, et non en poids, en raison de la grande variation de la teneur en humidité.

44. Beurre aux herbes et épices

Rendement : 1 portion

INGRÉDIENT

8 cuillères à soupe de beurre ramolli

2 cuillères à soupe de romarin frais, haché

1 cuillère à soupe d'estragon frais, haché

1 cuillère à soupe de ciboulette fraîche, hachée

1 cuillère à soupe de curry en poudre

DIRECTIONS:

Battre le beurre ramolli jusqu'à consistance crémeuse. Incorporer les ingrédients restants.

Placer le beurre sur du papier ciré etd former un rouleau avec un couteau à lame plate.

Laisser reposer le beurre au réfrigérateur pendant au moins deux heures afin que le beurre absorbe complètement la saveur des herbes.

45. Vinaigrette végétale aux herbes

Rendement : 1 portion

INGRÉDIENT

½ cuillère à café de persil frais

½ cuillère à café d'estragon frais

½ cuillère à café de ciboulette fraîche

½ cuillère à café de cerfeuil frais

3 cuillères à soupe de vinaigre de vin

9 cuillères à soupe d'huile d'olive

1 cuillère à café de moutarde de Dijon

½ cuillère à café de sel

½ cuillère à café de poivre noir

DIRECTIONS:

Émincer les herbes fraîches, en réservant quelques feuilles pour les garnitures.

Placer tous les ingrédients dans un petit bol à mélanger. Battre vigoureusement avec un fouet jusqu'à ce que le tout soit bien mélangé.

Garnir de feuilles fraîches et servir immédiatement.

46. Trempette au bacon, tomates et fines herbes

Rendement : 1 portion

INGRÉDIENT

1 Conteneur ; (16 oz) de crème sure

1 cuillère à soupe Basilic

1 cuillère à soupe d'assaisonnement Beau Monde

1 tomate moyenne

8 tranches de bacon cuites et émiettées

DIRECTIONS:

Dans un bol moyen, mélanger tous les ingrédients jusqu'à ce qu'ils soient bien mélangés. Couvrir et réfrigérer 2 heures ou toute la nuit.

47. Tartinade d'herbes à l'ail

Rendement : 8 portions

INGRÉDIENT

1 Tête d'ail

4 tomates séchées au soleil; pas emballé dans l'huile

1 tasse de fromage au yogourt sans gras

½ cuillère à café de sirop d'érable

2 cuillères à soupe Basilic frais; haché

½ cuillère à café de flocons de piment rouge

¼ cuillère à café de sel de mer ; fraîchement moulu

miche de pain italien; découpé en tranches; optionnel

DIRECTIONS:

Envelopper la tête d'ail dans du papier d'aluminium et cuire au four préchauffé à 375F pendant 35 minutes.

Porter à ébullition les tomates séchées dans un peu d'eau. Laisser reposer 15 minutes, puis égoutter sur du papier absorbant. Hacher finement une fois séché.

Mélanger tous les ingrédients sauf le pain avec un fouet à fils. Laisser reposer pendant au moins 30 minutes.

48. Chevre aux fines herbes

Rendement : 8 portions

INGRÉDIENT

4 onces de fromage à la crème nature

4 onces de chèvre

Herbes fraîches - au goût

DIRECTIONS:

Si vous utilisez vos propres herbes, le romarin, l'estragon et la sarriette sont de bons choix, seuls ou en combinaison.

Utilisez la pâte à tartiner pour farcir des pois mange-tout ou sucrés, étalez sur des rondelles de concombre ou de courgette, des biscuits sucrés, des biscuits à l'eau ou des bagels miniatures légèrement grillés.

BŒUF

49. Mon boeuf séché classique

Rendement : ¾ livre

Temps de préparation : 15 minutes, plus une nuit

Temps de cuisson : 5 à 8 heures

INGRÉDIENTS

1½ livre de bœuf maigre

2 tasses de vinaigre blanc

Saumure de bœuf classique

¼ tasse de sauce soja

⅓ tasse de sauce Worcestershire

1 cuillère à soupe de sauce barbecue

½ cuillère à café de poivre

½ cuillère à café de sel

½ cuillère à café d'oignon

½ cuillère à café d'ail

DIRECTIONS

1. Couper le bœuf en tranches de ¼ de pouce.

2. Dans un bol moyen, prétraitez les tranches de bœuf avec le vinaigre blanc pendant 10 minutes. Égoutter et jeter le vinaigre blanc.

3. Ajoutez les tranches de bœuf égouttées et les ingrédients de la saumure dans un sac à fermeture éclair de 1 gallon. Ajouter de l'eau, si nécessaire, pour couvrir complètement la viande. Faire tremper une nuit au réfrigérateur.

4. Le lendemain, égouttez la saumure, étalez la viande de manière à ce que les morceaux ne se touchent pas et déshydratez à 160 ° F pendant 5 à 8 heures jusqu'à ce qu'elle soit croustillante mais souple.

Saumure teriyaki : Pour une touche asiatique, utilisez ces ingrédients pour la saumure : ⅔ tasse de sauce teriyaki, 1 cuillère à soupe de sauce soja, ½ tasse d'eau ou de jus d'ananas, ½ cuillère à café de poudre d'oignon, ½ cuillère à café d'ail frais, ½ cuillère à café de sel et ½ cuillère à café de poivre .

Saumure cajun épicée : Si vous aimez le piquant, essayez une saumure cajun : ½ tasse de vinaigre balsamique, ⅓ tasse de sauce Worcestershire, ⅓ tasse d'eau, 1 cuillère à soupe de mélasse, 1 cuillère à soupe d'épices cajun, 1 cuillère à café de paprika fumé, ½ cuillère à café de sel, ½ cuillère à café de poivre, et ¼ de cuillère à café de poudre de Cayenne.

50. Steak de boeuf séché

Rendement : ¾ livre

Temps de préparation : 15 minutes, plus une nuit

Temps de cuisson : 5 à 8 heures

INGRÉDIENTS

1½ livre de bœuf maigre

2 tasses de vinaigre blanc

Saumure de bifteck de boeuf

¼ tasse de vinaigre balsamique

⅓ tasse de sauce Worcestershire

1 cuillère à soupe de mélasse

1 cuillère à soupe de mélange d'assaisonnement pour steak (voir recette ci-dessous)

1 cuillère à café d'ail frais

1 cuillère à café de poudre d'oignon

DIRECTIONS

1. Couper le bœuf en tranches de ¼ de pouce.

2. Dans un bol moyen, prétraitez les tranches de bœuf avec le vinaigre blanc pendant 10 minutes. Égoutter et jeter le vinaigre blanc.

3. Ajoutez les tranches de bœuf égouttées et les ingrédients de la saumure dans un sac à fermeture éclair de 1 gallon. Ajouter de l'eau, si nécessaire, pour couvrir complètement la viande. Faire tremper une nuit au réfrigérateur.

4. Le lendemain, égouttez la saumure, étalez la viande de manière à ce que les morceaux ne se touchent pas et déshydratez à 160 ° F pendant 5 à 8 heures jusqu'à ce qu'elle soit croustillante mais souple.

LE POTAGE

51. Soupe de chou-fleur

Rendement : 6 tasses

Temps de préparation : 40 minutes

Temps de cuisson : 15 minutes

INGRÉDIENTS

2 tasses de chou-fleur déshydraté

$\frac{1}{8}$ tasse d'oignon déshydraté

$\frac{1}{8}$ tasse de céleri déshydraté

2 tranches d'ail déshydraté

$2\frac{1}{2}$ tasses d'eau

$\frac{1}{8}$ tasse de quinoa

4 tasses de bouillon de légumes

Poivre à goûter

sel, au goût

assaisonnement, au goût

DIRECTIONS

1. Placer le chou-fleur, l'oignon, le céleri et l'ail dans un grand bol et couvrir de $2\frac{1}{2}$ tasses d'eau bouillante. Faire tremper jusqu'à ce que les légumes soient presque réhydratés, environ 30 minutes. Égoutter et jeter le liquide de trempage.

2. Dans une grande casserole, ajouter les légumes, le quinoa, le bouillon de légumes, le sel, le poivre et l'assaisonnement au goût. Cuire à feu moyen pendant 15 minutes, jusqu'à ce que le chou-fleur et le quinoa soient tendres et bien cuits.

3. Retirer du feu et verser de petites quantités dans un mélangeur pour mélanger. Attention, il fera très chaud. Mélanger jusqu'à consistance lisse, 45 à 60 secondes.

52. Soupe d'aspèrges

Rendement : 6 tasses

Temps de préparation : 10 minutes

Temps de cuisson : 20 minutes

INGRÉDIENTS

2 tasses d'asperges déshydratées

1 tasse d'eau

2 cuillères à soupe de beurre ou d'huile d'olive extra vierge

$\frac{1}{2}$ cuillère à café de basilic séché ou 10 feuilles de basilic frais, hachées

4 tasses de bouillon de poulet ou de bouillon

sel et poivre au goût

DIRECTIONS

1. Placer les asperges et l'eau dans une casserole et laisser mijoter à feu moyen pendant 5 à 10 minutes jusqu'à ce que les morceaux d'asperges soient dodus. Égoutter et réserver le liquide des asperges.

2. Ajouter les asperges, le beurre et le basilic dans une marmite à feu moyen jusqu'à ce que le beurre soit fondu, environ 1 minute.

3. Ajoutez le bouillon de poulet et l'eau des asperges dans la marmite et portez à feu vif jusqu'à ce que le mélange arrive à ébullition. Réduire le feu et laisser mijoter 10 minutes. Retirer du feu et laisser refroidir environ 5 minutes.

4. En petites quantités, verser la soupe chaude dans un mélangeur et réduire en purée à la texture désirée. Après la purée, transférez de petits lots dans un grand bol pour les séparer. J'aime garder quelques lots de mélangeur avec des morceaux plus gros, pour que la soupe ait de la texture.

5. Remettre le mélange dans la marmite et saler et poivrer au goût.

53. Soupe aux légumes thermos

Rendement : 2 tasses

Temps de préparation : 5 minutes

Temps de cuisson : 4 heures

INGRÉDIENTS

⅓ tasse de légumes secs

¼ cuillère à café de persil séché

¼ cuillère à café de basilic doux séché

pincée d'ail en poudre

pincée d'oignon en poudre

sel et poivre au goût

1 cuillère à soupe de spaghettis, cassés en petites sections

2 tasses de bouillon de poulet ou de bœuf bouillant

DIRECTIONS

1. Remplissez un thermos vide d'eau bouillante. Juste avant de mettre les ingrédients dans le thermos, versez l'eau chaude.

2. Ajoutez les légumes secs, le persil, le basilic, la poudre d'ail, la poudre d'oignon, le sel, le poivre et les pâtes dans le thermos.

3. Porter le bouillon de poulet ou de boeuf à ébullition et verser sur les ingrédients secs. Couvrez rapidement le thermos et

fermez-le en toute sécurité. Si possible, secouez ou retournez le thermos toutes les heures jusqu'au moment de manger.

CROUSTILLES DÉSHYDRATÉES

54. Chips de pommes de terre douces

Rendement : 6 tasses

Temps de préparation : 15 minutes

Temps de cuisson : 4 à 8 heures

INGRÉDIENTS

4 grosses patates douces

DIRECTIONS

1. Épluchez les pommes de terre ou laissez-les avec la peau pour un avantage nutritionnel supplémentaire.

2. À l'aide d'une mandoline, couper chaque pomme de terre en rondelles de $\frac{1}{8}$ de pouce d'épaisseur.

3. Ajouter les rondelles dans une grande casserole d'eau bouillante et cuire jusqu'à ce qu'elles soient tendres, environ 10 minutes. Égoutter et jeter le liquide. Ne pas trop cuire; ils doivent conserver leur forme lorsqu'ils sont manipulés.

4. Étendez les rondelles de patates douces humides sur les plateaux du déshydrateur. Ils ne doivent pas toucher.

5. Saupoudrer de sel et d'assaisonnement sur les rondelles de frites (facultatif).

6. Sécher à 125°F pendant 4 à 8 heures jusqu'à ce que les frites soient croustillantes et que les centres soient cuits.

55. Kale Chips

Rendement : 2 tasses

Temps de préparation : 5 minutes

Temps de cuisson : 4 à 6 heures

INGRÉDIENTS

1 botte de chou frisé, tiges retirées

1 cuillère à soupe d'huile d'olive ou de vinaigre de cidre

assaisonnement, à votre convenance

DIRECTIONS

1. Couper les feuilles de chou frisé en lanières de 2 à 3 pouces.

2. Badigeonnez légèrement le chou frisé d'huile d'olive ou utilisez du vinaigre de cidre de pomme comme alternative faible en gras à l'huile. Cela donne à l'assaisonnement quelque chose à respecter.

3. Saupoudrer le chou frisé avec votre choix d'assaisonnement.

4. Étendez le chou assaisonné sur des plateaux de déshydrateur et séchez-le à 125 °F pendant 4 à 6 heures, jusqu'à ce qu'il soit croustillant.

56. des chips à la courgette

Rendement : 5 tasses

Temps de préparation : 15 minutes

Temps de cuisson : 10 à 12 heures

INGRÉDIENTS

4 courgettes moyennes

¼ tasse de vinaigre de cidre de pomme

sel, au goût

Poivre à goûter

poudre de piment, au goût

DIRECTIONS

1. Couper les courgettes en rondelles de ¼ de pouce d'épaisseur. Il est préférable de garder la même épaisseur pour un séchage uniforme. Expérimentez avec une lame à trancher à coupe froissée qui crée des crêtes dans les copeaux; les crêtes ont tendance à donner aux épices plus d'espace pour s'accrocher.

2. Ajouter le vinaigre de cidre de pomme, le sel, le poivre et la poudre de chili dans un bol à fond large non réactif. Remuer jusqu'à incorporation.

3. Ajouter une poignée de chips crues dans le bol et mélanger jusqu'à ce qu'elles soient juste enrobées du mélange de vinaigre et d'épices. Séparez les morceaux qui collent ensemble et

assurez-vous que toutes les tranches de courgettes sont enrobées d'épices.

4. Disposez les frites sur les plateaux du déshydrateur. Ils peuvent se toucher mais ne doivent pas se chevaucher.

5. Sécher à 135°F pendant 10 à 12 heures. Si vous avez un déshydrateur à chauffage par le bas, vous devrez peut-être réorganiser les plateaux à mi-chemin du cycle de séchage. Après 5 heures, déplacez les plateaux du haut vers le bas pour que les frites soient séchées uniformément.

57. Cornichons déshydratés pour réfrigérateur

Rendement : 1 pinte

Temps de préparation : 5 minutes

Temps de cuisson : Au moins 24 heures d'attente

INGRÉDIENTS

1 tasse de vinaigre

1 tasse d'eau

1½ cuillères à soupe de sel mariné ou de sel casher

1 gousse d'ail, écrasée

¼ cuillère à café de graines d'aneth

⅛ cuillère à café de flocons de piment rouge

1½ tasse de tranches ou de lances de concombre déshydratées

DIRECTIONS

1. Pour préparer la saumure, mélangez le vinaigre, l'eau et le sel dans une petite casserole à feu vif. Porter à ébullition, puis retirer immédiatement et laisser refroidir.

2. Ajoutez l'ail, les graines d'aneth, les flocons de piment rouge et les tranches de concombre déshydratées dans un pot de conserve de la taille d'une pinte.

3. Versez la saumure refroidie sur les concombres, en remplissant le bocal jusqu'à $\frac{1}{2}$ pouce du haut. Vous pourriez ne pas utiliser toute la saumure.

4. Réfrigérer pendant au moins 24 heures avant de manger. Les concombres vont grossir et devenir comme par magie des cornichons du jour au lendemain.

58. Croustilles de prosciutto

INGRÉDIENTS

12 (1 once) tranches de prosciutto

Pétrole

DIRECTIONS:

Préchauffer le four à 350°F.

Tapisser une plaque à pâtisserie de papier parchemin et disposer les tranches de prosciutto en une seule couche. Cuire 12 minutes ou jusqu'à ce que le prosciutto soit croustillant.

Laisser complètement refroidir avant de déguster.

59. Chips de betterave

INGRÉDIENT

10 betteraves rouges moyennes

½ tasse d'huile d'avocat

2 cuillères à café de sel de mer

½ cuillère à café d'ail granulé

DIRECTIONS:

Préchauffer le four à 350°F. Tapisser quelques plaques à pâtisserie de papier sulfurisé et réserver.

Épluchez les betteraves avec un coupe-légumes et coupez les extrémités. Coupez soigneusement les betteraves en rondelles d'environ 3 mm d'épaisseur, avec une trancheuse mandoline ou un couteau bien aiguisé.

Placer les betteraves tranchées dans un grand bol et ajouter l'huile, le sel et l'ail granulé. Remuer pour enrober chaque tranche. Réserver 20 minutes, permettant au sel d'extraire l'excès d'humidité.

Égoutter l'excès de liquide et disposer les betteraves tranchées en une seule couche sur les plaques à pâtisserie préparées. Cuire 45 minutes ou jusqu'à ce qu'ils soient croustillants.

Retirer du four et laisser refroidir. Conserver dans un contenant hermétique jusqu'au moment de servir, jusqu'à 1 semaine.

60. Chips d'orge

INGRÉDIENT

1 tasse de farine tout usage

½ tasse de farine d'orge

½ tasse d'orge roulée (orge

Flocons)

2 cuillères à soupe de sucre

¼ cuillère à café de sel

8 cuillères à soupe (1 bâton) de beurre ou

Margarine, ramollie

½ tasse de lait

DIRECTIONS:

Dans un grand bol ou au robot culinaire, mélanger les farines, l'orge, le sucre et le sel.

Incorporer le beurre jusqu'à ce que le mélange ressemble à de la farine grossière. Ajouter suffisamment de lait pour former une pâte qui tiendra ensemble dans une boule cohésive.

Diviser la pâte en 2 portions égales pour rouler. Sur une surface farinée ou une toile à pâtisserie, abaisser à ⅛ à ¼ de pouce. Couper en cercles ou en carrés de 2 pouces et placer sur une plaque à pâtisserie légèrement graissée ou tapissée de papier sulfurisé. Piquer chaque cracker en 2 ou 3 endroits avec les dents d'une fourchette.

Cuire au four de 20 à 25 minutes ou jusqu'à ce qu'ils soient brun moyen. Refroidir sur une grille.

61. Croustilles mexi-melt au cheddar

INGRÉDIENT

1 tasse de fromage Cheddar fort râpé

1/8 cuillère à café d'ail granulé

1/8 cuillère à café de piment en poudre

1/8 cuillère à café de cumin moulu

1/16 cuillère à café de poivre de cayenne

1 cuillère à soupe de coriandre finement hachée

1 cuillère à café d'huile d'olive

DIRECTIONS:

Préchauffer le four à 350°F. Préparez une plaque à biscuits avec du papier sulfurisé ou un tapis Silpat.

Mélanger tous les ingrédients dans un bol moyen jusqu'à ce qu'ils soient bien combinés.

Déposer des portions de la taille d'une cuillère à soupe sur une plaque à biscuits préparée.

Cuire 5 à 7 minutes jusqu'à ce que les bords commencent à dorer.

Laisser refroidir 2 à 3 minutes avant de retirer de la plaque à biscuits avec une spatule.

62. Croustilles de pepperoni

INGRÉDIENT

24 tranches de pepperoni sans sucre

Pétrole

DIRECTIONS:

Préchauffer le four à 425°F.

Tapisser une plaque à pâtisserie de papier parchemin et disposer les tranches de pepperoni en une seule couche.

Cuire 10 minutes puis retirer du four et utiliser une serviette en papier pour éponger l'excès de graisse. Remettre au four 5 minutes de plus ou jusqu'à ce que le pepperoni soit croustillant.

63. Chips d'ange

INGRÉDIENT

½ tasse) de sucre

½ tasse de cassonade

1 tasse de shortening

1 oeuf

1 cuillère à café de vanille

1 cuillère à café de crème de tartre

2 tasses de farine

½ cuillère à café de sel

1 cuillère à café de bicarbonate de soude

DIRECTIONS:

Sucre à la crème, cassonade et shortening. Ajouter la vanille et l'oeuf. Mélanger jusqu'à consistance mousseuse. Ajouter les ingrédients secs; mélange.

Rouler des cuillerées à thé en boules. Tremper dans l'eau puis dans le sucre semoule. Déposer sur une plaque à biscuits, côté sucre vers le haut, puis aplatir avec un verre.

Cuire au four à 350 degrés pendant 10 minutes.

64. Chips de peau de poulet satay

INGRÉDIENT

Peau de 3 grosses cuisses de poulet

2 cuillères à soupe de beurre de cacahuètes sans sucre ajouté

1 cuillère à soupe de crème de coco non sucrée

1 cuillère à café d'huile de noix de coco

1 cuillère à café de piment jalapeño épépiné et haché

¼ gousses d'ail, hachées

1 cuillère à café d'aminos de noix de coco

DIRECTIONS:

Préchauffer le four à 350°F. Sur une plaque à biscuits tapissée de papier parchemin, disposer les peaux le plus à plat possible.

Cuire 12 à 15 minutes jusqu'à ce que les peaux deviennent brun clair et croustillantes, en faisant attention de ne pas les brûler.

Retirez les peaux de la plaque à biscuits et placez-les sur une serviette en papier pour refroidir.

Dans un petit robot culinaire, ajouter le beurre d'arachide, la crème de noix de coco, l'huile de noix de coco, le jalapeño, l'ail et les acides aminés de noix de coco. Mélanger jusqu'à ce que le tout soit bien mélangé, environ 30 secondes.

Couper chaque peau de poulet croustillante en 2 morceaux.

Déposer 1 cuillère à soupe de sauce aux arachides sur chaque croustillant de poulet et servir immédiatement. Si la sauce est trop liquide, réfrigérer 2 heures avant utilisation.

65. Peau de poulet à l'avocat

INGRÉDIENT

Peau de 3 grosses cuisses de poulet

$1/4$ avocat moyen, pelé et dénoyauté

3 cuillères à soupe de crème sure entière

$1/2$ piments jalapeño moyens, épépinés et finement hachés

$1/2$ cuillère à café de sel de mer

DIRECTIONS:

Préchauffer le four à 350°F. Sur une plaque à biscuits recouverte de papier sulfurisé, disposer les peaux le plus à plat possible.

Cuire 12 à 15 minutes jusqu'à ce que les peaux deviennent brun clair et croustillantes, en faisant attention de ne pas les brûler.

Retirez les peaux de la plaque à biscuits et placez-les sur une serviette en papier pour refroidir.

Dans un petit bol, mélanger l'avocat, la crème sure, le jalapeño et le sel.

Mélanger à la fourchette jusqu'à ce que le tout soit bien mélangé.

Couper chaque peau de poulet croustillante en 2 morceaux.

Déposer 1 cuillère à soupe de mélange d'avocats sur chaque croustillant de poulet et servir immédiatement.

66. Chips de légumes au parmesan

INGRÉDIENT

3/4 tasse de courgettes râpées

1/4 tasse de carottes râpées

2 tasses de parmesan fraîchement râpé

1 cuillère à soupe d'huile d'olive

1/4 cuillère à café de poivre noir

DIRECTIONS:

Préchauffer le four à 375°F. Préparez une plaque à biscuits avec du papier sulfurisé ou un tapis Silpat.

Enveloppez les légumes râpés dans une serviette en papier et essorez l'excès d'humidité.

Mélanger tous les ingrédients dans un bol moyen jusqu'à ce qu'ils soient bien mélangés.

Placer des monticules de la taille d'une cuillère à soupe sur la plaque à biscuits préparée.

Cuire 7 à 10 minutes jusqu'à ce qu'ils soient légèrement dorés.

Laisser refroidir 2 à 3 minutes et retirer de la plaque à biscuits.

67. Chips de noix de coco tarte à la citrouille

INGRÉDIENT

2 cuillères à soupe d'huile de noix de coco

1/2 cuillère à café d'extrait de vanille

1/2 cuillères à café d'épices pour tarte à la citrouille

1 cuillère à soupe d'érythritol granulé

2 tasses de flocons de noix de coco non sucrés

1/8 cuillère à café de sel

DIRECTIONS:

Préchauffer le four à 350°F.

Mettre l'huile de noix de coco dans un bol moyen allant au micro-ondes et cuire au micro-ondes jusqu'à ce qu'elle soit fondue, environ 20 secondes. Ajouter l'extrait de vanille, les épices pour tarte à la citrouille et l'érythritol granulé à l'huile de noix de coco et remuer jusqu'à homogénéité.

Placer les flocons de noix de coco dans un bol moyen, verser le mélange d'huile de noix de coco dessus et mélanger pour enrober. Étaler en une seule couche sur une plaque à biscuits et saupoudrer de sel.

Cuire 5 minutes ou jusqu'à ce que la noix de coco soit croustillante.

68. Croustilles de peau de poulet alfredo

INGRÉDIENT

Peau de 3 grosses cuisses de poulet
2 cuillères à soupe de fromage ricotta
2 cuillères à soupe de fromage à la crème
1 cuillère à soupe de parmesan râpé
$1/4$ gousse d'ail, hachée
$1/4$ cuillère à café de poivre blanc moulu

DIRECTIONS:

Préchauffer le four à 350°F. Sur une plaque à biscuits tapissée de papier parchemin, disposer les peaux le plus à plat possible.

Cuire 12 à 15 minutes jusqu'à ce que les peaux deviennent brun clair et croustillantes, en faisant attention de ne pas les brûler.

Retirez les peaux de la plaque à biscuits et placez-les sur une serviette en papier pour refroidir.

Dans un petit bol, ajouter les fromages, l'ail et le poivre. Mélanger à la fourchette jusqu'à ce que le tout soit bien mélangé.

Couper chaque peau de poulet croustillante en 2 morceaux.

Déposer 1 cuillère à soupe de mélange de fromage sur chaque croustillant de poulet et servir immédiatement.

DES LÉGUMES

69. Pancakes à la patate douce et à la farine de noix de coco

Rendement : 6 crêpes moyennes

Temps de préparation : 5 minutes

Temps de cuisson : 2 à 4 minutes

INGRÉDIENTS

5 oeufs

¼ tasse de lait

½ cuillère à café d'extrait de vanille

½ tasse de compote de pommes non sucrée

¼ tasse de farine de noix de coco

¼ tasse de farine de patate douce

1 cuillère à soupe de sucre granulé ou de miel

¼ cuillère à café de levure chimique

cannelle moulue, au goût

¼ cuillère à café de sel

DIRECTIONS

1. Préchauffer une plaque chauffante ou une grande poêle à feu moyen.

2. Dans un grand bol, fouetter les œufs, le lait, la vanille et la compote de pommes jusqu'à homogénéité.

3. Dans un bol moyen, fouetter la farine de noix de coco, la farine de patate douce, le sucre ou le miel, la poudre à pâte, la cannelle et le sel jusqu'à ce que le tout soit bien mélangé.

4. Ajouter les ingrédients secs aux ingrédients humides. Remuer à la fourchette jusqu'à ce que les ingrédients soient bien mélangés et qu'il ne reste plus de grumeaux.

5. Déposer la pâte à la louche, environ $\frac{1}{4}$ tasse à la fois, sur la plaque chauffante chaude. Cuire 2 à 4 minutes de chaque côté jusqu'à ce que de petites bulles commencent à se former sur le dessus, puis retourner.

6. Servir chaud avec vos garnitures à crêpes préférées.

70. Rouleaux de chou farcis à la mijoteuse

Rendement : 8 à 12 rouleaux

Temps de préparation : 20 minutes

Temps de cuisson : 8 à 10 heures

INGRÉDIENTS

8 à 12 feuilles de chou déshydratées

¼ tasse d'oignon déshydraté en dés

⅔ tasse de poudre de tomate

1 cuillère à soupe de cassonade (facultatif)

1 cuillère à café de sauce Worcestershire (facultatif)

1 tasse de riz blanc cuit

1 oeuf, battu

1 livre de bœuf haché extra-maigre

1 cuillère à café de sel, et plus au goût

1 cuillère à café de poivre, et plus au goût

DIRECTIONS

1. Porter une grande casserole d'eau à ébullition. Ajouter les feuilles de chou déshydratées et faire bouillir pendant 2 à 3 minutes, jusqu'à ce qu'elles soient tendres. Égoutter et réserver.

2. Dans un petit bol, couvrir l'oignon coupé en dés d'eau chaude pour le réhydrater, environ 15 minutes.

3. Pour faire la sauce tomate, mettre la poudre de tomate dans un bol moyen. Verser lentement 2 tasses d'eau bouillante et bien fouetter pour réduire les morceaux. Fouetter la cassonade et la sauce Worcestershire, le cas échéant. Mettre de côté.

4. Dans un grand bol, mélanger le riz cuit, l'œuf, le bœuf haché, l'oignon, 2 cuillères à soupe de sauce tomate, le sel et le poivre. Remuer avec une cuillère, ou creuser et écraser avec des mains propres.

5. Placer environ $\frac{1}{4}$ tasse du mélange dans chaque feuille de chou, rouler et rentrer les extrémités. Placer les rouleaux dans la mijoteuse.

6. Verser le reste de la sauce tomate sur les rouleaux de chou. Couvrir et cuire à feu doux de 8 à 10 heures.

71. Courges d'hiver sautées aux pommes

Rendement : 2 tasses

Temps de préparation : 1h

Temps de cuisson : 10 minutes

INGRÉDIENTS

1 tasse de cubes de courge d'hiver déshydratés

½ tasse d'oignon déshydraté

½ tasse de pomme déshydratée

2 cuillères à soupe de beurre

½ cuillère à café de sel de céleri

½ cuillère à café d'ail en poudre

½ cuillère à café de thym

sel, au goût

Poivre à goûter

DIRECTIONS

1. Placer les cubes de courge déshydratés et l'oignon dans un grand bol et couvrir de 2 tasses d'eau tiède. Tremper pendant 1 heure. Videz l'eau restante.

2. Réhydratez la pomme en la plaçant dans un bol séparé et en la recouvrant d'eau froide pendant 1 heure.

3. Faire fondre le beurre dans une grande casserole à feu moyen.

4. Ajouter la courge, l'oignon et le sel de céleri dans la casserole, en remuant de temps en temps jusqu'à ce que la courge commence à dorer, environ 5 minutes.

5. Ajouter la poudre d'ail et la pomme, cuire jusqu'à ce que les pommes soient tendres, environ 2 minutes.

6. Ajouter le thym, le sel et le poivre au goût.

72. Nids déshydratés de courge d'hiver

Rendement : 10 à 15 nids de courge

Temps de préparation : 30 minutes

Temps de cuisson : 4 à 6 heures

INGRÉDIENTS

1 grosse courge d'hiver, pelée et épépinée

DIRECTIONS

1. Si vous utilisez un spiralizer, coupez la courge en morceaux gérables et déchiquetez la courge en longs brins. Si vous n'avez pas de spiralizer, dessinez un éplucheur de légumes sur la courge, en faisant des tranches fines et larges ressemblant à des nouilles, ou utilisez un éplucheur à julienne pour obtenir des brins ressemblant à des spaghettis.

2. Toutes les pièces ne formeront pas une spirale dans une longue section, alors séparez les pièces qui le font en les retirant de la pile.

3. Ajoutez les longs brins aux plateaux du déshydrateur et disposez-les dans un nid en empilant chaque morceau sur lui-même. Ajoutez les plus petits morceaux aux plateaux du déshydrateur en petites poignées pour former des nids, 5 ou 6 piles par plateau.

4. Sécher à 140°F pendant 2 heures, baisser la température à 130°F et sécher 2 à 4 heures supplémentaires jusqu'à ce que les morceaux soient cassants.

73. Nids de courges épicées à la créole et à l'ail

Rendement : 10 nids

Temps de préparation : 35 minutes

Temps de cuisson : 5 minutes

INGRÉDIENTS

10 nids de courges d'hiver déshydratées (page 117), ou 2 tasses de courges séchées en lambeaux

⅓ tasse de farine tout usage

2 gousses d'ail, hachées

2 gros œufs, battus

1 cuillère à soupe de mélange d'épices créoles

2 cuillères à soupe d'huile d'olive

10 cuillères à café de fromage cheddar

DIRECTIONS

1. Réhydratez partiellement les nids de courges en les trempant dans de l'eau chaude pendant 30 minutes. Égoutter et jeter le liquide de trempage.

2. Dans un grand bol, mélanger la farine, l'ail, les œufs et l'assaisonnement créole. Tremper les nids de courge musquée dans le mélange d'œufs en prenant soin de ne pas briser les nids.

3. Chauffer l'huile d'olive dans une grande poêle à feu moyen-vif.

4. Prélevez 1 nid pour chaque portion. Déposer dans la poêle et aplatir la courge à l'aide d'une spatule, puis cuire jusqu'à ce que le dessous soit doré, environ 2 minutes.

5. Retourner et cuire de l'autre côté, environ 2 minutes de plus.

6. Garnir chaque nid avec 1 cuillère à café de fromage cheddar et servir immédiatement.

74. Fajita Haricots et Riz

Rendement : pot de 1 pinte sec ; 6 tasses cuites

Temps de préparation : 35 minutes

Temps de cuisson : 20 à 25 minutes

INGRÉDIENTS

1 tasse de riz brun rapide

2 tasses de haricots à cuisson rapide

¼ tasse de poivron doux déshydraté

¼ tasse d'oignon déshydraté

¼ tasse de carotte déshydratée

¼ tasse de poudre de tomate

¼ cuillère à café d'ail séché

1 cuillère à café de piment en poudre

½ cuillère à café de sel

½ cuillère à café de paprika

½ cuillère à café de cassonade

¼ cuillère à café de poivre noir

¼ cuillère à café d'origan

¼ cuillère à café de cumin

⅛ cuillère à café de poivre de Cayenne

DIRECTIONS

1. Placez tous les ingrédients dans un bocal à large ouverture d'une pinte ou un sac Mylar. Ajouter un absorbeur d'oxygène de 100 cc et sceller hermétiquement. Conserver jusqu'à 5 ans.

2. Pour servir, retirez le sachet d'oxygène et videz le contenu du bocal dans une grande poêle. Couvrir avec 6 tasses d'eau et porter à ébullition à feu vif. Réduire le feu à moyen, couvrir et laisser mijoter pendant 15 à 20 minutes, en remuant de temps en temps jusqu'à ce que les haricots soient cuits.

3. Garnir de fromage râpé, au goût.

75. Croûte de pizza au chou-fleur au riz

Rendement : 2 croûtes (8 pouces)

Temps de préparation : 40 minutes

Temps de cuisson : 15 à 20 minutes

INGRÉDIENTS

1 tasse de chou-fleur déshydraté

4 tasses d'eau

2 oeufs

2 tasses de parmesan râpé

DIRECTIONS:

1. Préchauffer le four à 400°F.

2. Placer le chou-fleur dans un grand bol, couvrir de 4 tasses d'eau chaude et laisser tremper pendant 20 minutes. Égoutter et jeter le liquide de trempage.

3. Hachez le chou-fleur réhydraté à la main ou avec un robot culinaire jusqu'à ce que les morceaux soient petits et de taille uniforme.

4. Cuire le chou-fleur en riz dans une poêle à feu moyen. Remuer jusqu'à ce que le chou-fleur soit sec et que l'humidité soit éliminée.

5. Mettez le chou-fleur de côté et laissez-le refroidir. Il peut refroidir plus rapidement s'il est retiré de la poêle.

6. Dans un autre bol, fouetter les œufs. Mélanger le parmesan.

7. Ajouter le chou-fleur refroidi dans le bol et remuer jusqu'à ce qu'il soit complètement mélangé.

8. Sur du papier sulfurisé, divisez le mélange en 2 portions égales. Travaillez chaque morceau en un cercle de 8 pouces, d'environ $\frac{1}{4}$ de pouce d'épaisseur. Gardez plus de mélange sur les bords pour que les rondelles cuisent uniformément et que les bords ne brûlent pas.

9. Glisser le papier parchemin sur une plaque à pâtisserie et cuire à 400 °F jusqu'à ce que les rondelles soient dorées et fermes, environ 15 à 20 minutes.

76. Mélange de pommes de terre rissolées dans un bocal

Séchez les ingrédients séparément et mélangez. Cette recette donne 1 pot, avec 2 repas.

Rendement : pot de 1 pinte sec ; 2 tasses cuites

Temps de préparation : 10 à 15 minutes

Temps de cuisson : 10 à 15 minutes

INGRÉDIENTS

2 tasses de pommes de terre râpées déshydratées

½ tasse d'oignon séché

½ tasse de piment doux séché

¼ tasse d'ail haché séché

1 cuillère à café d'huile végétale

DIRECTIONS:

1. Mélanger les pommes de terre râpées, l'oignon séché, le poivron séché et l'ail émincé séché dans un grand bol. Placer dans un pot de conserve ou un sac Mylar. Ajouter un absorbeur d'oxygène de 100 cc et sceller hermétiquement. Conserver jusqu'à 5 ans.

2. Pour préparer, videz 1 tasse du contenu du bocal dans un bol et couvrez d'eau bouillante pendant 10 à 15 minutes jusqu'à ce qu'il soit dodu. Filtrer et presser pour enlever l'excès d'eau.

3. Chauffer l'huile dans une poêle à feu moyen.

4. Ajouter le mélange de pommes de terre dans la poêle, en appuyant doucement en une fine couche uniforme pendant la cuisson.

5. Cuire jusqu'à ce qu'ils soient très croustillants et dorer chaque côté pendant environ 3 minutes.

77. Riz brun rapide

Rendement : 2 tasses de riz déshydraté ;

INGRÉDIENTS

3½ tasses de riz cuit

Temps de préparation : 5 à 7 heures

Temps de cuisson : 17 minutes

DIRECTIONS :

1. Cuire 2 tasses de riz brun ordinaire selon les instructions sur l'emballage ; assurez-vous que tout le liquide est absorbé.

2. Couvrez les plateaux de votre déshydrateur avec du papier sulfurisé ou des doublures Paraflexx et étalez le riz cuit en une seule couche. Déshydrater à 125°F pendant 5 à 7 heures. À mi-chemin du processus de séchage, brisez le riz collé ensemble et faites pivoter les plateaux. Lorsqu'il est complètement sec, le riz doit cliquer lorsqu'il tombe sur une table.

3. Pour réhydrater, mesurez 1 tasse de riz séché, placez-le dans une casserole et couvrez avec ¾ tasse d'eau. Faire tremper pendant 5 minutes pour commencer la réhydratation, puis porter à ébullition et faire bouillir pendant 2 minutes. Retirer du feu, couvrir et laisser reposer 10 minutes. Aérer à la fourchette.

78. Haricots à cuisson rapide

Rendement : 3 tasses

Temps de préparation : 10 minutes, plus 8 heures

Temps de cuisson : 8 à 10 heures

INGRÉDIENTS

4 tasses de haricots secs

DIRECTIONS:

1. Faire tremper les haricots secs pendant la nuit. Jetez l'eau.

2. Après au moins 8 heures de trempage, ajoutez les haricots dans une grande casserole, couvrez d'eau et portez à ébullition. Réduire le feu et laisser mijoter 10 minutes. Drain.

3. Étalez les haricots partiellement cuits en une seule couche sur les plateaux du déshydrateur et traitez entre 95 °F et 100 °F pendant 8 à 10 heures. Ils seront durs une fois secs.

4. Conserver dans des bocaux en conserve avec des absorbeurs d'oxygène de 100 cc ou éliminer l'oxygène avec un accessoire FoodSaver. La durée de conservation est de 5 ans.

Pour réhydrater : Faire tremper 1 tasse de haricots déshydratés et 2 tasses d'eau dans une casserole pendant 5 minutes. Porter à ébullition pendant 10 minutes. Ne pas couvrir.

79. Haricots cuits au four de Mme B's

Rendement : 3 tasses

Temps de préparation : 15 minutes

Temps de cuisson : 10 minutes

INGRÉDIENTS

1 tasse de haricots à cuisson rapide (page 123)

2 tasses d'eau

¼ tasse d'oignon haché déshydraté

2 cuillères à café de moutarde

⅛ tasse de cassonade tassée, ou au goût

1 cuillère à café de sauce Worcestershire

DIRECTIONS:

1. Réhydratez les haricots à cuisson rapide en trempant les haricots avec 2 tasses d'eau dans une casserole pendant 5 minutes. Porter à ébullition pendant 10 minutes. Ne pas couvrir.

2. Ajouter les ingrédients restants. Remuer jusqu'à ce que la cassonade soit dissoute.

3. Réduire le feu à moyen et laisser mijoter pendant 5 minutes supplémentaires jusqu'à ce que les haricots soient tendres et que la sauce se forme. Ajouter de l'eau supplémentaire par incréments de 1 cuillère à café, si nécessaire.

80. Cuisson fiesta mexicaine

Rendement : 1 plat de cuisson (2½ pintes)

Temps de préparation : 45 minutes

Temps de cuisson : 15 minutes

INGRÉDIENTS

1 tasse de tomates déshydratées

1 tasse de feuilles de coriandre fraîches ou déshydratées

½ tasse de poivron vert déshydraté, coupé en dés

½ tasse de grains de maïs déshydratés

¼ tasse de poudre de tomate

2 piments jalapeño frais

2 tasses de boeuf haché

1 cuillère à café d'ail

1 citron vert, jus

6 tortillas de maïs, coupées en carrés de 1 pouce

1 tasse de fromage cheddar

DIRECTIONS

1. Préchauffer le four à 350°F.

2. Placer les tomates déshydratées dans un petit bol et couvrir de 2 tasses d'eau froide pendant 30 minutes, ou jusqu'à ce qu'elles soient dodues et tendres. Égoutter et couper en bouchées.

3. Placez les feuilles de coriandre, le poivron vert coupé en dés et le maïs dans un petit bol et ajoutez suffisamment d'eau froide pour couvrir. Laisser tremper de 10 à 15 minutes ou jusqu'à ce que les poivrons soient dodus. Drain.

4. Pour faire la sauce tomate, ajoutez lentement 12 onces d'eau chaude à ¼ tasse de poudre de tomate. Mélanger jusqu'à consistance lisse. Mettre de côté.

5. Nettoyez, épépinez et coupez en dés 2 piments jalapeño frais.

6. Cuire le bœuf haché dans une grande poêle jusqu'à ce qu'il soit complètement doré.

7. Ajouter la sauce tomate, l'ail, le jus de citron vert, la tomate, la coriandre, le poivron vert, le maïs, les tortillas et le jalapeño au bœuf haché. Remuer et chauffer tout le long.

8. Transférer dans un plat allant au four de 2½ pintes et garnir de fromage.

9. Cuire au four pendant 15 minutes jusqu'à ce que le fromage bouillonne.

BOISSON

81. Thé à la menthe et à la rose musquée

Rendement : 1 tasse

Temps de préparation : 0 minutes

Temps de maturation : 10 à 15 minutes

INGRÉDIENTS

1 cuillère à café d'églantier séché

1 cuillère à café de menthe verte séchée ou de menthe poivrée

1 tasse d'eau

DIRECTIONS:

1. Ajoutez la menthe et l'églantier dans une presse française ou une théière et versez 1 tasse d'eau chaude. Certains fabricants de thé broient leurs cynorrhodons avant de les utiliser, mais ce n'est vraiment pas nécessaire.

2. Couvrir et laisser infuser 10 à 15 minutes. Plus vous raidez longtemps, plus la saveur et la couleur seront profondes.

82. Mélange de thé à l'orange et à la menthe

Rendement : 1 tasse

Temps de préparation : 5 minutes plus temps de repos

Temps de macération : 10 minutes

INGRÉDIENTS

2 cuillères à soupe de menthe séchée et hachée

2 cuillères à soupe d'orange séchée

3 ou 4 clous de girofle entiers (facultatif)

DIRECTIONS:

1. Mesurez les ingrédients secs dans un moulin à café ou un mortier et un pilon et mélangez jusqu'à ce qu'ils soient mélangés en morceaux uniformes. Placer dans un bocal avec un couvercle hermétique et laisser la saveur se développer pendant quelques jours.

2. Ajoutez 1 cuillère à café de mélange de thé à la menthe orange dans un infuseur à thé, une théière ou une presse française. Couvrir et laisser infuser 10 minutes. Cela fait également un thé glacé rafraîchissant.

83. Thé Soleil Verveine Citronnelle

Rendement : 1 litre

Temps de préparation : 0 minutes

Temps de macération : plusieurs heures

INGRÉDIENTS

1 poignée de feuilles de verveine citronnée séchées

1 litre d'eau

DIRECTIONS:

1. Écrasez une poignée de feuilles séchées et ajoutez-les dans un grand bocal en verre.

2. Couvrez les feuilles avec 1 litre d'eau et laissez le pot au soleil pendant plusieurs heures.

3. Filtrez les feuilles et ajoutez de la glace pour profiter d'une boisson rafraîchissante.

84. Limonade aux Agrumes Déshydratés

Rendement : 5 pintes

Temps de préparation : 0 minutes

Temps de cuisson : 3h de repos

INGRÉDIENTS

1 tasse de sucre

5 litres d'eau

15 rondelles d'agrumes déshydratés

DIRECTIONS:

1. Ajouter le sucre à 5 litres d'eau et remuer jusqu'à dissolution.

2. Ajouter les morceaux d'agrumes et remuer.

3. Ajoutez de la glace pour aider à garder les croûtes submergées. Laissez reposer pendant au moins 3 heures.

4. Remuer et verser dans des verres avec quelques rondelles d'agrumes réhydratées comme garniture.

LE DESSERT

85. Croustade aux pommes avec garniture à l'avoine

Rendement : 1 plat en verre (8 × 8 pouces)

Temps de préparation : 35 minutes

Temps de cuisson : 30 minutes

INGRÉDIENTS

3 tasses de tranches de pommes déshydratées

¾ tasse de sucre, divisé

2 cuillères à soupe de fécule de maïs

½ tasse de farine

½ tasse d'avoine

pincée de sel

⅛ cuillère à café de cannelle moulue, et plus, au goût

½ bâton de beurre froid

DIRECTIONS

1. Préchauffer le four à 375°F. Préparez un plat en verre de 8 × 8 pouces avec un aérosol de cuisson.

2. Placez les tranches de pomme dans un bol et ajoutez juste assez d'eau chaude pour couvrir. Laissez reposer pendant 30 minutes. Égoutter et réserver le liquide.

3. Mélanger les pommes réhydratées avec ½ tasse de sucre et de cannelle, au goût.

4. Dans une tasse à mesurer, mélanger la fécule de maïs et 2 cuillères à soupe d'eau froide jusqu'à ce qu'elles soient complètement incorporées et qu'il ne reste plus de grumeaux.

5. Placer les pommes et le liquide réservé dans une casserole moyenne et laisser mijoter pendant 5 minutes. Ajouter la bouillie de fécule de maïs et chauffer jusqu'à ce que le mélange épaississe. Si les pommes semblent trop sèches, ajoutez plus de liquide, 1 cuillère à soupe à la fois, jusqu'à ce que vous obteniez la consistance souhaitée.

6. Verser les pommes dans le moule préparé, en appuyant vers le bas, de façon à ce que les pommes soient recouvertes de sauce.

7. Pour créer la garniture, ajoutez la farine, l'avoine, le sucre restant, le sel et ⅛ cuillère à café de cannelle dans un petit bol. À l'aide d'un mélangeur à pâtisserie ou d'un robot culinaire, couper le beurre froid dans les ingrédients secs jusqu'à ce que le mélange ressemble à une chapelure grossière.

8. Versez la garniture sur la garniture aux pommes et étalez uniformément jusqu'à ce qu'elle atteigne tous les coins. Cuire au four pendant 30 minutes jusqu'à ce que la garniture soit dorée et que la garniture bouillonne.

86. Gâteau à l'ananas faible en gras

Rendement : 1 (8 × 8 pouces) gâteau

Temps de préparation : 25 minutes

Temps de cuisson : 25 à 30 minutes

INGRÉDIENTS

4 tasses d'ananas déshydraté

2 tasses d'eau

2¼ tasses de farine tout usage

1 tasse de sucre granulé

2 cuillères à café de bicarbonate de soude

pincée de sel

2 cuillères à café d'extrait de vanille

2 oeufs

1 paquet (3,5 onces) de pudding instantané à la vanille sans sucre

1½ tasse de crème fouettée sans gras

DIRECTIONS

1. Préchauffer le four à 350°F. Graisser et fariner un plat allant au four de 8 × 8 pouces.

2. Écrasez l'ananas déshydraté dans un sac en plastique à fermeture éclair avec un rouleau à pâtisserie ou mixez-le dans

un robot culinaire. L'ananas doit être en morceaux, pas en poudre. Réserver 2 tasses.

3. Mettez le reste de l'ananas écrasé dans un petit bol et couvrez complètement avec 2 tasses d'eau froide du robinet pendant 15 à 20 minutes. Ajouter plus d'eau si nécessaire. Égoutter et réserver le jus d'ananas.

4. Dans un bol moyen, fouetter ensemble la farine, le sucre, le bicarbonate de soude et le sel.

5. Ajouter l'extrait de vanille et les œufs dans le petit bol avec l'ananas réhydraté et mélanger.

6. Ajouter les ingrédients humides aux ingrédients secs et remuer jusqu'à ce que la pâte se forme.

7. Versez la pâte dans le plat de cuisson préparé.

8. Cuire au four de 25 à 30 minutes jusqu'à ce que le gâteau soit doré et qu'un cure-dent en ressorte propre. Laisser refroidir avant d'ajouter la garniture.

9. Fouettez les 2 tasses d'ananas écrasés, le liquide d'ananas et le mélange de pouding sans sucre jusqu'à ce qu'ils soient combinés. Ajouter de l'eau supplémentaire par incréments de 1 cuillère à café, si nécessaire. Incorporer délicatement la crème fouettée jusqu'à ce qu'elle soit incorporée.

10. Étendre la garniture sur le gâteau. Réfrigérer jusqu'au moment de servir.

87. Gingembre Confit

Rendement : 8 onces de gingembre confit

Temps de préparation : 40 minutes, plus 1 heure de conditionnement

Temps de cuisson : 4 à 6 heures

INGRÉDIENTS

1 grosse racine de gingembre (8 onces)

4 tasses d'eau

$2\frac{1}{4}$ tasses de sucre, divisé

DIRECTIONS

1. Lavez et épluchez la racine de gingembre. À l'aide d'une mandoline, coupez la racine en tranches de $\frac{1}{8}$ de pouce.

2. Ajoutez 4 tasses d'eau et 2 tasses de sucre dans la casserole et remuez jusqu'à ce que le sucre soit dissous.

3. Ajouter les morceaux de gingembre dans la casserole et porter à ébullition.

4. Réduire le feu à feu doux et cuire pendant 30 minutes, en gardant la casserole partiellement découverte pour que la vapeur puisse s'échapper.

5. Filtrez le mélange de gingembre et conservez le sirop dans un bocal en conserve.

6. Placez les morceaux de gingembre sur une grille ou un plateau de déshydratation pendant une heure pour les conditionner, jusqu'à ce qu'ils soient collants mais pas mouillés.

7. Mélanger les morceaux dans le ¼ de tasse de sucre restant jusqu'à ce qu'ils soient légèrement enrobés. Vous pouvez ignorer cette partie et réduire la teneur en sucre ; ils auront toujours un goût sucré du simple sirop.

8. Placer les tranches de gingembre sur le plateau du déshydrateur et sécher à 135 °F pendant 4 à 6 heures ou jusqu'à ce que les morceaux soient souples mais non collants à l'intérieur.

88. Biscuits à l'avoine et aux figues

Rendement : 2 douzaines de biscuits

Temps de préparation : 10 minutes, plus 1 heure de refroidissement

Temps de cuisson : 12 à 14 minutes

INGRÉDIENTS

1½ tasse de farine tout usage

1 cuillère à café de levure chimique

½ cuillère à café de sel

3 tasses de flocons d'avoine à l'ancienne (pour un biscuit plus moelleux, passer la moitié des flocons d'avoine dans un mélangeur jusqu'à ce qu'ils soient finement moulus)

1 tasse de beurre, ramolli à température ambiante

1 tasse de cassonade tassée

½ tasse de sucre cristallisé

2 oeufs

1 cuillère à café d'extrait de vanille

1 tasse de figues réhydratées, coupées en morceaux

DIRECTIONS

1. Préchauffer le four à 350°F. Tapisser des plaques à pâtisserie de papier parchemin.

2. Dans un grand bol, fouetter la farine, la poudre à pâte et le sel. Incorporer les flocons d'avoine.

3. Dans un autre grand bol, crémer le beurre et les sucres au batteur à main. Ajouter les oeufs et la vanille, puis de nouveau crémer.

4. Ajouter le mélange de farine au liquide, puis remuer jusqu'à homogénéité. Incorporer les morceaux de figues réhydratés.

5. Réfrigérer la pâte pendant 1 heure ou toute la nuit.

6. Placer des boules de la taille d'une cuillère à soupe sur les plaques à pâtisserie, en espaçant les biscuits de 2 pouces. Cuire au four de 12 à 14 minutes, jusqu'à ce que les biscuits soient légèrement dorés.

MARINADES

89. Vinaigrette ranch à l'ail

INGRÉDIENTS :

1 cuillère à café d'ail en poudre

2 cuillères à soupe de mayonnaise

2 cuillères à café de moutarde de Dijon

2 cuillères à soupe de jus de citron frais

Sel et poivre noir fraîchement moulu au goût

DIRECTIONS

Mélanger tous les ingrédients dans un saladier.

Mélanger avec une salade et servir.

90. Vinaigrette à l'oignon rouge et à la coriandre

INGRÉDIENTS:

1 cuillère à café d'oignon rouge finement haché

½ cuillère à café de gingembre cristallisé finement haché

1 cuillère à soupe d'amandes mondées et effilées

2 cuillères à café de graines de sésame

¼ cuillère à café de graines d'anis

1 cuillère à café de coriandre fraîche hachée

⅛ cuillère à café de poivre de Cayenne

1 cuillère à soupe de vinaigre de vin blanc

1 cuillère à soupe d'huile d'olive extra vierge

DIRECTIONS

Dans un petit bol, mélanger l'oignon, le gingembre, les amandes, les graines de sésame, les graines d'anis, la coriandre, le poivre de Cayenne et le vinaigre.

Incorporer l'huile d'olive jusqu'à ce qu'elle soit bien mélangée.

91. Vinaigrette à la crème Dilly Ranch

INGRÉDIENTS :

2 cuillères à soupe de mayonnaise

1 cuillère à soupe d'aneth frais haché finement

1 cuillère à soupe de vinaigre de vin blanc

1 cuillère à café de moutarde de Dijon

DIRECTIONS

Mélanger tous les ingrédients dans un saladier.

Mélanger avec la salade et servir.

92. Vinaigrette cha cha chaude

INGRÉDIENTS :

1 cuillère à soupe d'huile d'olive extra vierge

1 cuillère à soupe de mayonnaise

2 cuillères à soupe de salsa douce ou piquante

¼ cuillère à café de poivre noir fraîchement moulu

⅛ cuillère à café de cumin moulu

1 cuillère à café d'ail en poudre

¼ cuillère à café d'origan

Cayenne au goût (facultatif)

Sel et poivre noir fraîchement moulu au goût

DIRECTIONS

Bien mélanger tous les ingrédients dans un petit bol.

Goûter et rectifier les assaisonnements.

93. Vinaigrette à la cajun

INGRÉDIENTS:

2 cuillères à soupe de vinaigre de vin rouge

½ cuillère à café de paprika doux

½ cuillère à café de moutarde de Dijon en grains

⅛ cuillère à café de poivre de Cayenne ou au goût

⅛ cuillère à café (ou moins) de succédané de sucre, facultatif ou au goût

2 cuillères à soupe d'huile d'olive extra vierge

sel et poivre noir fraîchement moulu au goût

DIRECTIONS

Mélanger tous les ingrédients dans un saladier. Goûter et rectifier les assaisonnements.

Étalez les feuilles de salade sur le dessus, mélangez et servez.

94. Vinaigrette à la moutarde

INGRÉDIENTS:

2 cuillères à soupe d'huile d'olive extra vierge

2 cuillères à café de moutarde en grains

1 cuillère à soupe d'ail en poudre

½ cuillère à café de raifort préparé

2 cuillères à soupe de vinaigre de vin rouge

¼ cuillère à café de sucre

Sel et poivre noir fraîchement moulu au goût

DIRECTIONS

Mélanger tous les ingrédients dans un saladier. Goûter et rectifier les assaisonnements.

Couche avec les feuilles de salade et mélange juste avant de servir.

95. Vinaigrette gingembre et poivre

INGRÉDIENTS:

1 cuillère à soupe de vinaigre de vin de riz

¼ cuillère à café de sucre

1 gousse d'ail, hachée finement

½ cuillère à café de gingembre frais finement haché

¼ cuillère à café de piments forts séchés broyés

¼ cuillère à café de moutarde sèche

¼ cuillère à café d'huile de sésame

2 cuillères à soupe d'huile végétale

DIRECTIONS

Mélanger tous les ingrédients dans un saladier. Goûter et rectifier les assaisonnements.

Couche de salade verte et mélanger juste avant de servir.

96. Vinaigrette aux agrumes

INGRÉDIENTS:

1 cuillère à soupe de jus de citron frais

1 cuillère à soupe de jus de citron vert frais

1 cuillère à soupe de jus d'orange frais

1 cuillère à café de vinaigre de vin de riz

3 cuillères à soupe d'huile d'olive extra vierge

½ cuillère à café de sucre

Sel et poivre noir fraîchement moulu au goût

DIRECTIONS

Mélanger tous les ingrédients dans un grand saladier. Étalez les feuilles de laitue sur la vinaigrette.

Remuer juste avant de servir.

97. Poivre blanc et clou de girofle

INGRÉDIENTS:

$\frac{1}{4}$ tasse de grains de poivre blanc

1 cuillère à soupe de piment de la Jamaïque moulu

1 cuillère à soupe de cannelle moulue

1 cuillère à soupe de sarriette moulue

2 cuillères à soupe de clous de girofle entiers

2 cuillères à soupe de muscade moulue

2 cuillères à soupe de paprika

2 cuillères à soupe de thym séché

DIRECTIONS

Mélanger tous les ingrédients dans un mélangeur ou un robot culinaire.

Conserver dans un bocal avec un couvercle hermétique.

98. Frottement sec au piment

INGRÉDIENTS:

3 cuillères à soupe d'ail en poudre

3 cuillères à soupe de paprika

1 cuillère à soupe de piment en poudre

2 cuillères à café de sel

1 cuillère à café de poivre noir fraîchement moulu, ou au goût

¼ cuillère à café de piment de Cayenne

DIRECTIONS

Broyer le mélange d'épices dans un robot culinaire ou un mélangeur, ou utiliser un mortier et un pilon.

Conserver dans un bocal avec un couvercle hermétique.

99. Mélange d'épices Bourbon

INGRÉDIENTS :

2 cuillères à soupe de paprika

1 cuillère à soupe de cayenne

1 cuillère à soupe de moutarde sèche

2 cuillères à café de sel

2 cuillères à café de poivre noir fraîchement moulu

2 cuillères à café d'ail en poudre

2 cuillères à café de sauge moulue

1 cuillère à café de poivre blanc

1 cuillère à café de poudre d'oignon

1 cuillère à café de cumin moulu

1 cuillère à café de thym séché

1 cuillère à café d'origan séché

DIRECTIONS

Mélanger tous les ingrédients dans un petit bol.

Conserver dans un bocal avec un couvercle hermétique.

100. Vinaigres aux herbes faciles

Rendement : 1 portion

INGRÉDIENT

4 brins de romarin frais

DIRECTIONS :

Pour faire du vinaigre d'herbes, mettez les herbes rincées et séchées et toutes les épices dans une bouteille de vin stérilisée de 750 ml et ajoutez environ 3 tasses de vinaigre, en remplissant jusqu'à ¼ de pouce du haut. Arrêtez avec un bouchon neuf et laissez infuser 2 à 3 semaines. Le vinaigre a une durée de conservation d'au moins 1 an.

Avec du vinaigre de vin rouge, utiliser : 4 brins de persil frisé frais, 2 cuillères à soupe de poivre noir en grains

CONCLUSION

Nous devons probablement remercier la communauté des randonneurs pour la résurgence moderne de la nourriture déshydratée. Leur demande de repas simples, légers et nutritifs a créé un besoin de fruits, de légumes, de plats d'accompagnement et de repas complets préemballés, ainsi qu'un regain d'intérêt pour les machines de déshydratation et d'autres moyens de séchage des aliments. Ces nouveaux plats cuisinés se trouvent dans toutes les épiceries et magasins de plein air et sont reconnus pour leur préparation facile et leur temps de cuisson rapide. Le goût s'est tellement amélioré que vous le considéreriez comme un bon dîner. Les préparateurs modernes ont poussé ce défi un peu plus loin en apprenant à produire, stocker et faire tourner la valeur d'un an de nourriture dans leur propre garde-manger préparé.

Ce guide vous apprend les bases de la déshydratation des fruits, des légumes et des protéines ; donne des informations détaillées sur le séchage de 50 types de fruits et légumes; et partage des recettes éprouvées et appréciées des familles pour un usage quotidien. Tout ce dont vous avez besoin pour apprendre à stocker votre propre garde-manger sain et stable est inclus.

www.ingramcontent.com/pod-product-compliance
Lightning Source LLC
Chambersburg PA
CBHW070652120526
44590CB00013BA/927